온작품 깊이 읽기

온작품 깊이읽기

초판 인쇄 2020년 11월 6일
초판 발행 2020년 11월 13일

지은이 심영택 · 고미령
펴낸이 박찬익
편집장 한병순
펴낸곳 (주)박이정 **주소** 경기도 하남시 조정대로45 미사센텀비즈 7층 F749호
전화 031)792-1193, 1195 **팩스** 02)928-4683 **홈페이지** www.pjbook.com
이메일 pijbook@naver.com **등록** 2014년 8월 22일 제2020-000029호

ISBN 979-11-5848-485-9 03370

이 책은 2019학년도 청주교육대학교(혁신사업) 학술연구조성(CJE2019D007-2)에 의하여 연구된 보고서를 대폭 수정한 것임.

온작품 속에서 주인공 되기

심영택·고미령 지음

온작품
깊이 ....
.... 읽기

(주)박이정

서문

현재 학교 현장에서 혼용되고 있는 '온책 읽기', '슬로 리딩^{slow reading}', 그리고 '온작품 읽기'는 한 권의 책을 긴 호흡으로 읽는 활동을 의미한다. 각 용어의 지향점이 어떠하든지, 중요한 것은 수업시간에 텍스트 하나를 깊이 읽어내고자 한다는 점이다. 이 책에서 논의하고자 하는 것은 용어의 시시비비^{是是非非}를 가리기 위함이 아니다. 이 활동에 대한 오해와 편견을 불식시키고 이 활동에 대한 '교육적인 방향'을 설정하고, 나아가 교사 스스로 교육 주체가 되어 '수업을 설계하고 실행하고, 성찰'하는 데 있다.

 일반적으로 '온책'이란 텍스트성^{textuality}을 지닌 인쇄물에 한정한다. 말하자면 책이라는 물리적인 특성에 주목하여, 동화나 소설과 같은 교육적인 안목으로 선택된 문학 작품에 국한된다. '텍스트성' 역시 오늘날 폭넓게 사용되고 재해석되고 있지만, 일반적으로 종이로 된 인쇄 매체나 문헌적인 성격을 지니고 있다. 이와는 달리 '슬로 리딩'은 작품을 보다 천천히 곱씹으면서 읽는다는 의미로, 읽기 방법과 태도의 변화를 강조하다. 따라서 핵심 정보를 남들보다 빠르고 정확하게, 그리고 쉽게 읽어내고자 하는 기존의 읽기 방법과 태도를 거부한다. 반면 '온작품'은 작품에 그 초점이 있다. 즉 예술성, 심미성이 있는 예술작품 하나에 주목한다. 하나의 작품이란 책이라는 텍스트성에 한정되지도, 문학작품에 국한되지도 않는다. 모국어로 즐길 수 있다면, 문학 작품뿐만 아니라, 연극, 영화, 뮤지컬, 노래 등도 하나의 텍스트로 충분히 수업 시간에 활용될 수 있다. 따라서 현재 학교 현장에서 한 권의 책을 긴 호흡으로 읽는 활동을 가리키는 세 용어 중 '온작품 읽기'가 '온책 읽기'와 '슬로 리딩'의 핵심적인 활동과 의미를 모두 포괄하는 개념으로 보고, 이 용어를 중심으로 논의를 전개하고자 한다.

'온작품'이 하나의 작품을 의미한다면 '반작품'은 반쪽짜리 글이라고 할 수 있다. 반半은 절반, 1/2을 말하지만, '반작품'은 통상적으로 조각 글 혹은 파편적인 글을 의미한다. 최근 교과서 바탕글에 작품 전체(예를 들면, 그림 동화책)를 통째로 싣는 경향도 생겨나고 있지만, 여전히 교과서 바탕글에는 대부분 반작품, 말하자면 편집된 작품이 대부분이다.

교과서에 이러한 조각 글, 또는 편집된 '반작품'이 실리는 이유는 무엇일까? 먼저, 교과서 지면상의 문제라고 말하기도 한다. 하지만 전국 초등국어교과모임에서 제작한 〈우리말 우리글〉을 살펴보면, 한 단원 전체를 학생들의 경험과 발달 수준을 고려하여 온작품으로 구성된 경우도 볼 수 있다. 따라서 그러한 지면상의 한계는 본질적인 이유라고 보기 어렵다. 다른 하나는, 객관식 평가구조에서 찾아볼 수 있다. 성적과 순서를 중시하는 한국 교육의 특수한 현실에서, 굳이 작품 전체를 통째로 깊고 넓게, 그리고 반복적으로 읽는 활동이 평가 제도나 입시 제도에 불필요하다거나 교육적으로 그다지 효과적이라고 보지 않기 때문이다. 김영주 선생은 온작품 읽기가 '온만화, 온영화, 온동화, 온시, 온연극' 따위를 모두 포함한다고 하였다. 그리고 작품을 쪼개서 도입하고 싶은 욕망은 효율성의 논리와 중앙 집권의 논리를 대변한다고 비판한 바 있다.

우리가 '온작품 깊이 읽기'를 강조하는 이유는 다음과 같다. 특히 문학 수업의 경우, 인물의 성격을 파악하고 인물의 감정이 이야기의 흐름에 따라 어떻게 변화하는지, 사건이 어떻게 전개되는지를 제대로 파악하기 위해서는 작품 전체가 필요하다. 우리가 그림을 감상하거나 사진을 감상할 때에, 혹은 영화를 감상할 때에 어느 일부분을 보고 작품을 다 감상했다고 말하는 것은 어불성설語不成說이다. 그렇지만 그것은 엄밀히 말하면, 분량이 다소 많은 소설이나 수필에 국한된 이야기일 수 있다. '시'나 '동시'의 경우에는 전문이 교과서에 온전하게 실려 있기 때문이다.

그렇다면 우리는 "교과서 안에 온전히 실려 있는 하나의 글을 제대로 이해하고 감상하고 있는가?" 하는 질문으로 다시 돌아가 보아야 한다. 앞서 말했듯 '온책'이 아닌 '온작품'이라고 한다면, 이는 문학 장르를 모두 포함한다. 소설은 물론이고 시나 연극의 대본, 영화의 시나리오 또한 온작품으로 탐구할 수 있는 대상이다. 현재 교과서에 수록되어 있는 모든 작품에 대한 온전한 이해와 감상까지도 이 물음에 포섭되어야 한다. 가령, '시'를 학생들과 학습하는 경우, 시의 형식적 장치와 내용적 흐름이 어떠한 구조로 짜여 있는지, 제대로 된 시를 쓰기 위해서 학생들의 경험을 어떻게 퍼 올리면 좋을지, 그 경험들을 또 어떻게 표현하면 좋을지 등이 이 물음의 선제 조건을 충족시키는 하위 질문들이 될 것이다.

이 모든 질문의 실마리와 해답은 교사의 실천 여부에 달려 있다. 온작품 읽기 수업의 실천은 교과서에 대한 비판적인 시각을 가지고 그 한계를 넘어서기 위한 도전이자, 대안적인 수업을 탐색하는 경험이다. 하지만 한 권의 책을 학생들과 함께 읽고 각자의 경험을 이야기하며 다양한 활동을 하는 것으로 만족하는 교사도 있다. 물론 학생들의 흥미와 수업 참여도는 높여 주겠지만, 작품을 제대로 이해하였는지, 학생의 성장에 어떤 도움을 주는지, 그 성장과 발달은 교육적인 위계와 연계에 따라 적절한지 냉철하게 재검토하고 판단해야 한다. 활동의 의미와 목적이 '활동을 위한 활동', '재미만을 위한 활동'이 되어선 안 된다는 의미이다.

우리가 마지막으로 우려하는 점은 교과서 활용에 대한 고정관념이다. 기존의 온작품 읽기 수업은 교과서를 제대로 활용하지 못하고, 때론 교과서에 적대적인 모습을 보여주기도 했다. 온작품은 교과서에 실린 반작품과 결코 이분법적인 대립의 대상이 아니다. 각각의 장점을 취사선택取捨選擇하는 상호 호혜적인 아이디어가 필요하다. 그러기 위해서는 기존의 읽기문학 수업에 대한 틀을 과감하게 깨뜨리되, 온작품을 교과서 작품과 촘촘하게 씨줄과 날줄로 엮어내는 자신만의 핵심 역량을 개발할 필요가 있다. 온작품도 교과서도 선택 가능한 하나의 교재이며, 그 둘을 교육과정으로 엮어내는 내공이 바로 교사의 자율성과 전문성을 보여주는 좌표이다.

목차

1부   온작품 읽기에 대한 오해와 이해

2부   온작품 깊이 읽기

3부 온작품 읽기 수업하기

1부

온작품 읽기에 대한
오해와 이해

책 길들이며 꿈꾸기

- 어떻게 나 같은 놈한테 책을 주냐고요? -

〈각설탕〉과 〈어린왕자〉 속 길들임 이야기

영화 〈각설탕〉은 태어나자마자 어미를 잃은 말 '천둥이'와 기수^{騎手}였던 엄마를 잃은 '시은이'가 함께 지내면서 시작된다. 시은이는 자신과 닮은 천둥이를 보살피고 천둥이에게 위로를 받으면서 둘은 함께 성장한다. 시간이 흘러 시은이는 천둥이와 원치 않는 이별을 하고 세월이 흐른 뒤 시은이는 기수로 훈련을 하던 중에 우연히 천둥이를 만난다. 시은이는 천둥이를 경주마로 훈련시키기 위해 길들이고 천둥이는 시은이를 훌륭한 기수이자 더 나은 인간으로 성장시키며 길들이게 된다. '각설탕'은 천둥이가 어렸을 때부터 좋아하던 간식이자 시은이가 천둥이를 길들이기 위해 사용한 도구였다. 또한 시은이와 천둥이의 달콤한 추억과 우정을 담고 있기도 하다.

좌 | 이환경 감독, 〈각설탕〉, 2006 영화 포스터
우 | 생텍쥐페리, 『어린왕자』, 1943, 책 표지

　한편, 〈어린왕자〉에서 어린왕자는 자신의 소혹성에서 장미를 길들인다. 하지만 장미는 어린 왕자에게 아무렇게나 말하고 무리한 요구를 하며 심지어 거짓말을 하기도 한다. 장미의 오만함에 실망한 어린왕자는 별을 떠나지만 여우를 만나 '길들이다'라는 말의 의미를 깨닫게 된다. '길들이다'의 의미는 소중한 관계를 위해 시간이 필요하며 그러한 시간이 있기 때문에 서로의 관계가 더욱 견고해진다는 것이다. 또한 서로가 서로에게 소중해지기 위해서는 책임이 필요하다는 것도 알게 된다. 어린왕자는 장미로 인한 일방적인 '길들임'에는 부정적인 마음을 갖게 되었지만 여우로 인해 상호적인 '길들임'으로 소중한 관계를 맺는 지혜를 깨닫게 되었다.

'책 길들이기'를 위한 고군분투

책 길들이기는 독자가 책을 마주하는 순간, 탐색전을 하면서 시작된다. 독자로서 관심 있는 주제인지, 저자는 신뢰할만한 사람인지, 저자는 왜 이 책을 썼는지, 독자로서 충분히 소화가 가능할지. 특히 책장이 잘 넘어가지 않는 다소 난해한 책을 만날 때면 기어코 다 읽고야 말겠노라는 '기싸움'이 더욱 강하게 펼쳐진다. 마치 〈각설탕〉의 시은이가 날뛰는 조랑말 '천둥이'를 길들이고자, 〈어린왕자〉의 '장미'가 어린왕자를 길들이고자 하는 모습 같다.

이러한 '기싸움'은 특히 '고전 읽기 붐'에서 가끔 엿볼 수 있다.[1] 고전古典은 옛날부터 현대에 이르기까지 많은 사람들에게 읽히고 전승이 되어 온 예술적인 성과나 결과물, 즉 작품作品을 말한다. 19세기 근대 이전의 예술 작품이 현재에도 전해 주는 감동과 예술적 가치 때문에 고전은 읽어야 한다고 말한다. 그러나 고전 읽기란 만만치 않다. 당대의 사회·문화적 맥락이나 역사적·종교적 배경이 없으면, 고전 자체를 읽기도 힘들 뿐만 아니라, 그 의미를 제대로 해석할 수도 없다. 모두가 반드시 읽어야 한다고 하니, 큰맘 먹고 두껍고 난해한 고전을 꺼내 펼쳤다가 몇 장 넘기지도 못하고 포기해 버린 열패감을 독자라면 누구나 한두 번 즈음 경험해 보았을 것이다.

책 길들이기를 하면서 다소 무모하게 보이는 이러한 '기 싸움'의 결과는 생각보다 다양한 양상으로 나타난다. 열패감도 문제가 되겠지만, 빨리 완독해야겠다는 성급한 정복욕이나 책의 의미를 곱씹지 못한 채 그저 남들보다 책을 많이 읽었다는 지적 허영심 역시 문제가 된다. 독자는 열패감을 만회하고자, 승부욕을 불태우고자, 그리고 지적 허영심을 충족시키고자 꾸역꾸역 읽는 것은 아닌지 냉철하게 다시 판단해 볼 만한 문제다.

영화 평론가 이동진은 '책을 숭배하지 말라'고 한다.[2] 무엇을 숭배하게 되면 그 대상을 온전히 알기 어렵기 때문이다. "이 책 정말 대단해." 또는 "이 저자 정말 위대해." 하면서 그 대상을 우러러 본다면 책 읽기를 제대로 즐길 수 없다는 것이다. 책이란 늘 가까이에 두고 읽고 싶으면 펴 보고 그러다가 싫증나면 집어 던져도 된다는 것이다. 언제든 다시 그 책이 필요해지면 꺼내들 수 있어야 책과 친구가 된다는 의미이다.

그렇지만 이동진과 같이 집어 던져도 되는 책인지, 붙들고 있어야 하는 책인지를 판단하여 책과 친구가 되는 일도 쉬운 일은 아니다. 그 책이 읽을 만한 가치가 있는지 알 수 있는 안목은 어느 정도의 단계를 넘어선 사람이 가질 수 있다. 이동진은 책을 즐기기 위해서는 반드시 넘어서야 하는 단계와 단위 시간이 있으며, 그 과정은 '재미'라기보다 '고행'에 가깝다고 한다. 어떤 일이든지 어느 단계에 이르기까지는 전혀 효과가 나타나지 않다가 일정한 단계를 넘어서자마자 효과가 확연하게 드러나는 때가 있다.

과학에서는 흔히 '특이점'[3]이라고도 하지만, 말콤 글래드웰은 그 순간을 '1만 시간의 법칙'이라고 말한다.[4] 책을 길들이는 데 소요되는 양적인 시간은 외로움을 수반한 고단함과 지루함과 벗하는 고행이 되겠지만 어느 순간, 초보 독자에게 책 읽는 기쁨과 즐거움을 비로소 느끼고 깨닫게 되는 질적인 시간이 다가올 것이다. 우리는 교사로서 학생들이 그 고행의 시간을 좀 더 즐길 수 있도록, 되도록 열패감에 사로잡히지 않을 수 있도록 해야 하는 책임이 있다. 그러기 위해서는 교사가 어떻게 책을 길들여야 하는지 알 수 있어야 하고 교사가 먼저 책을 길들이고자 하는 시도를 해야 한다.

교사들의 '책 길들이기' 이야기
그렇다면 책을 어떻게 길들일 것인가? 교사들 이야기이다.[5]

"저는 책을 여러 번 반복해서 읽어요. 반복해서 읽다 보면 처음 읽을 때에는 보이지 않던 것들이 보이게 돼요. 처음에 읽으면 줄거리나 사건 중심으로 읽게 되는데 두 번, 세 번 읽다 보면 배경이나 자세한 장치, 작가가 깔아놓은 복선이 보여요. 처음에는 내 위주로 읽다가 반복해서 읽으면 작가 위주로 읽게 되는 것을 느껴요."_A 교사

"저는 책을 재미있게 읽으면 그 저자의 책을 다 찾아서 읽어보는 편이에요. 완전히 다른 소재와 주제의 책이라도 저자의 책을 겹쳐서 읽게 되면 본래 책을 다시 더 깊이 있게 알게 되더라고요."_B 교사

"저는 책을 빌리지 않고 사서 읽으려고 해요. 그래야 책에 낙서를 하면서 보고 밑줄도 긋고 읽으면서 드는 생각을 기록하면서 볼 수 있거든요. 그렇게 읽은 책은 확실히 내 책이라는 애착이 들어요."_C 교사

"저도 그렇게 읽는 책이 좋아요. 도서관에서 빌리든 구입을 하든 책을 기록하면서 보는 게 책을 길들이는 방법인 것 같아요. 책을 읽을 때 책의 빈 칸에 내 생각을 쓰면서 읽은 후에 좋아하는 사람에게 그 책을 빌려줘요. 그 사람이 내 책을 읽을 때 그 생각들을 읽고 나중에 함께 이야기를 나눈 적이 있는데 참 새롭고 좋은 경험이었어요. 그게 바로 책을

통해 좋은 사람과 나누는 소통이라는 생각이 들었어요."_D 교사

"맞아요. 그런데 어떤 사람들은 책에 무언가를 쓰면서 보는 걸 꺼려하기도 하더라고요. 그래서 왜 그렇게 깨끗하게 보냐고 하니까 새책처럼 유지하고 싶다고 하더라고요. 책을 모시게 되면 책을 길들일 수 없는 것 같아요. 눈으로 보는 책은 결국 책이 장식품이 되더라고요."_E 교사

영화를 한 번 볼 때에는 스토리 중심으로 보다가 두 번 세 번 반복해서 보면 감독이 숨겨놓은 미장센을 발견하고는 그 영화를 더 재미있게 느끼게 된다. 책 길들이기도 마찬가지이다. 한 번만 읽는 것이 아니라 두 번 세 번 반복해서 읽으면서 그 책의 다양한 장치와 흐름, 그리고 저자의 의도를 파악하게 되기 때문이다. 저자의 다른 저서들을 다 찾아 읽어 보면서 저자의 생각을 '가로지르는' 경험 역시 책을 길들이는 한 방법이다. 책에 낙서를 하거나 독자 자신이 중요하다고 생각하는 구절에 밑줄을 긋고 그 구절에 덧대어 자신의 생각과 느낌을 써 보는 것도 좋은 방법이다.

'나만의 각주脚註', '나만의 미주尾註' 또는 '나만의 방주傍註'[6]를 달아보는 작업이라고 할 수 있다. 이러한 방법들은 독자와 가까운 가족이든지 연인이든지, 독자와 생면부지生面不知인 그 누구든지 '나만의 작업각주와 미주, 방주'을 통해 그 책을 더 잘 길들이게 해 준다. 뿐만 아니라 서로의 생각과 경험을 확장시켜 준다. 눈으로만 책을 보지 말고 손때를 묻혀 가며 책을 길들여야 책이 건네주는 신호를 알아차릴 수 있다.

'야생 조랑말들'의 '카밍 시그널' 읽기

반려견伴侶犬을 키우는 사람이 천만인 시대, 이제 개라는 동물은 사람들로부터 일방적인 사랑이나 귀여움을 받는 그런 '애완愛玩'의 대상이 아니라, 배우자나 단짝 친구만큼 평생을 함께 살아가는 데 꼭 필요하고 소중한 존재, 즉 '반려伴侶'의 대상이 되었다. 그 수요가 늘어나면서 사람들은 반려견과 어떻게 행복하게 살아갈 수 있을지 고민하게 되었다. 반려견 훈련사인 강형욱[7]은 개의 '시그널signal'을 잘 읽어내는 것이 핵심이라고 보고 있다. 왜 그런 행위를 하는지 '카밍 시그널calming signal'[8]을 읽어야 소통을 할 수 있고 강아지들의 마음을 움직여 행동을 변화시킬 수 있다는 것이다.

책을 읽을 때 또한 마찬가지이다. 작가가 왜 그런 구절을 썼는지, 배경과 주인공을 왜 그렇게 설정했는지, 인물들의 구도는 어떠한지 잘 살펴봐야 한다. 작가의 시그널과 독자의 시그널이 상통할 때 책은 나를 길들일 수 있고 나도 또한 책을 잘 길들일 수 있다. 어려워서 책장이 잘 넘어가지 않는 책을 길들인다는 것은 날뛰는 야생 조랑말을 길들이는 것만큼이나 어렵고 고단한 일이다.

하지만 정작 더 중요한 야생 조랑말은 난해하고 두꺼운 책이 아니라, 시은이와 같은 어린 독자들이다. 부모와 교사는 어린 독자들을 길들이고자 부단히 노력하고 애를 쓴다. 책을 읽지 않으려고 떼쓰는 아이들을 보면, 마치 기수도 포기한 조랑말과 같다. 때로는 부모도 포기한 아이들을 교사가 억지로 텍스트 속으로 집어넣어야 하는 상황도 종종 발생한다. 과연 '카밍 시그널' 읽기를 통해 어린 독자들을 길들일 수 있을까?

느티나무도서관 박영숙 관장이 쓴 책 〈꿈 꿀 권리〉[9]의 부제는 '어떻게 나 같은 놈한테 책을 주냐고'이다. 부제는 '도서관 아이'가 박영순 관장에게 들려 준 말이다. 가족도 의지할 곳도 없는 '도서관 아이'는 아이러니하게도 도서관의 존재 이유와 가치, 목적을 도서관 관장에게 가르쳐 주었다. 간신히 초등학교만 졸업한 '도서관 아이'는 책을 보러오기는커녕 돈을 훔치거나 잠을 자거나 끼니를 때우기 위해 도서관에 온다. 돈이 없어지는 일이 왕왕 발생함에도 불구하고 도서관 관장은 모르는 척, '도서관 아이'에게 어린 아이들을 돌보는 일, 아이들에게 책을 읽어 주는 일을 맡기기도 하고, 은근 슬쩍 읽어 보라고 책 몇 권을 건네기도 한다.

그 책 중 하나가 바로 〈모리와 함께 한 화요일〉[10]이다. 아이는 책을 읽었고 생전 처음으로 읽은 이 책이 자기 자신도 너무나 신기하여 "어떻게 나한테 책을 주냐고, 그니까 어떻게 나 같은 놈이 책을 볼 거라는 생각을 하냐고요, 응?" 이라고 반문한다. 그러면서 내심 스스로 대견해한다. 이 말은 가족도 없고 돈도 없고, 문신투성이 깡패 같은 '자기'에게 책을 읽으라고 건네주는 것을 비아냥거리거나 반항하는 말이 아니라 '자기' 같은 아이도 인격체로 대접해 주고 책을 읽을 수 있는 존재로 바라 본 도서관 관장에게 전하는 감사와 사랑, 존경의 표시였던 것이다.

'도서관 아이'는 자신이 책을 읽을 수 있다는 것이 마냥 신기하고 색다른 경험이었을 것이다. 태어나서 처음으로 책이 재미있다고 생각했을 테니까. '도서관 아이'는 줄거리도 자신만만하게 이야기하고 '책도 뭐 별 거 아니네.' 라는 식으로 거들먹거린다. 책을 읽은 자만이 할 수 있는 세상 부러울 것 없는 잘난 척이다. 비록 작지만 신비로운 이 경험은 점차 자신감으로 쌓여 간다. 그러면서 책이 '도서관 아이'를, 동시에 '도서관 아이'가 책을 길들이기도 한다. 첫 번째 디딤돌이 둘 사이에 가지런히 놓여졌다.

'디딤돌 친구'를 꿈 꿀 권리

그 '도서관 아이'가 책을 많이 읽게 되었는지, 지금은 또 어떤 어른으로 성장했을지 그건 잘 모른다. 중요한 것은 그저 그 아이가 인생에서 누구나 쉽게 경험할 수 없는 서로를 길들이는 경험을 〈모리와 함께 한 화요일〉이라는 책으로 했다는 것이다. 그 이후에 도서관을 자주 들락거렸다는 것, 더 이상 돈에 손을 대지 않았다는 것, 도서관에서 아이들과 잘 놀아주고 아이들에게 책도 읽어 줬다는 것쯤은 느티나무도서관 관장 이야기를 통해 알 수 있다. 물론 그 아이를 변화시킨 것은 비단 책한 권의 힘만은 아니었을 것이다. 야생 조랑말과 같은 어린 독자 한 사람을 향한 누군가의 관심과 기다림, 그리고 따뜻한 시선도 덧붙여져 있다. 그 가운데에 책이 있었을 뿐이다.

우리가 아무리 열악한 교육 환경에 놓여 있더라도 책에서 위로받거나 책을 길들이는 경험은 포기할 수도 없으며 포기해서도 안 된다. 시은이와 천둥이도, 어린왕자와 여우도, '도서관 아이'와 관장도 서로 길들이는 관계를 소중히 만들어 가면서 모두가 진정한 친구가 되었다. 서로를 길들인다는 것은 서로의 생각과 감정, 사색을 통한 깨달음을 상대방에게 통째로 선물하는 것이다. '디딤돌 친구'를 꿈 꿀 권리라고 그 선물 이름을 바꿔 쓸 수도 있지 않을까?

교육적 수수께끼 :
오이디푸스식 읽기와 스핑크스식 읽기

경쟁적 책 읽기에 대한 성찰

이솝우화 〈토끼와 거북이〉는 우리에게 너무나 익숙한 이야기이다. 빠르고 영리한 토끼는 느림보 거북이만 바라보며 자만하다가 경주에서 지게 되고, 반면에 느림보 거북이는 산등성이의 깃발만 바라보며 묵묵히 가다가 경주에서 이기게 된다. 이 이야기의 핵심은 사실 누가 더 빠른가에 있지 않으며, 토끼의 자만심[11]과 거북이의 성실함을 대조하고자 하는 것도 아니다. 토끼와 거북이가 무엇을 보고 달리기를 하고 있는가? 즉 '상대 보기'와 '목표 보기'가 이 이야기의 핵심이다. 토끼 같은 사람에게는 경쟁 상대인 거북이만 보이겠지만, 거북이 같은 사람에게는 오직 자신의 목표인 깃발만 보인다. 그래서 어느 독자는 경쟁 상대만을 보고 가는 사람은 그 상대에 너무 치중하기 때문에 생각하는 폭과 시야

좌 | 1919년에 그려진 토끼와 거북이 삽화. 출처 위키디피아
우 | 유설화, 『슈퍼거북』, 책 읽는 곰, 2014

가 좁아지고, 목표를 보고 가는 사람을 이기기가 쉽지 않다고 한다.[12]

하지만 경쟁이 불가피한 사회에서 그 목표를 달성하더라도 또 다시 경쟁이 시작된다. 〈슈퍼거북〉은 그 목표를 달성한 느림보 거북이 '꾸물이'가 벌이는 '무한경쟁無限競爭' 이야기이다. 토끼를 이긴 '꾸물이'는 정신세계의 승리라고 불리며 동물들 세계에서 영웅이 된다. 더불어 '느림'의 미학이 아닌 '빠름'의 상징이 되어 버렸다. 주변 동물들은 더 빠른 '꾸물이'를 기대하게 되고 자신들의 영웅을 추앙推仰하게 된다.

주변의 시선을 의식하기 시작한 '꾸물이'는 진짜 슈퍼 거북이 되기로 마음먹는다. 더 빨라지기 위해 도서관에서 책을 읽고, 책에 나온 대로 따라 하고, 밤낮으로 노력한 결과 진짜 슈퍼 거북이 된다. 하지만 어느 날 문득, 거울에 비친 '한 천 년은 늙어 버린 것 같은' 자기 모습을 보고 깜짝 놀라게 된다. 예전과는 다른 초점 잃은 눈과 생기 잃은 자신의 모습을 본 후, '꾸물이' 거북이는 토끼와의 재시합에서 '당당히 져 주는' 경기를 한다. 그리고 다시금 예전의 삶을 선택하고 살아간다. 여유 있게 콧노래를 부르며 화단의 꽃과 나무에게 물을 주고 욕조에 들어가 하루를 되돌아보며 따뜻한 물과 거품을 만끽하며 산다. 해먹에 몸을 맡기고 시원한 나무 그늘에 누워 있다. '꾸물이' 거북이는 이제 다시는 슈퍼 거북을 꿈꾸지 않을 것으로 보인다. 〈토끼와 거북이〉에서는 '상대 보기'와 '목표 보기'를 이야기의 쟁점으로 삼는다면, 〈슈퍼 거북〉에서는 주변 사람들을 의식하는 '눈치 보기'와 꾸물이 자신의 '내면 보기'가 그 쟁점이 된다.

우리의 책 읽기 모습도 이와 크게 다르지 않은 듯하다. 책을 읽으면서 무조건 많이 읽고多讀, 무조건 많이 쓰고多作, 상대방이나 주변의 시선을 의식하며 무조건 많이 생각하는多商量 것에 초점을 맞추는 그러한 '경쟁적 책읽기'를 해 온 것은 아닌가? 아이들에게도 많이 읽어야 한다, 빨리 읽어야 잘한다는 '성과주의적 책 읽기'만을 강조하고 있진 않았을까, 되돌아 볼 시점이다.

다시, 천천히 읽기

오늘날 디지털 기기가 상용화되면서 우리는 정보의 과부하過負荷 속에 놓여 있다. 손 안의 스마트 폰으로 엄청나게 쏟아지는 정보를 빠르게 '스킵skip'하며 읽는다. 매리언 울프는 〈다시, 책으로〉[13]에서 정보를 빠르게 발췌하며 읽는 훑어 읽기의 방식에 익숙해지면 텍스트 속의 문장과 문장, 단어와 단어 사이의 의미와 행간의 아름다움을 느낄 수 없다는 우려 섞인 목소리를 내고 있다. 또한 디지털 스크린으로 읽은 학생들보다 종이 텍스트로 읽은 학생들이 그 줄거리를 시간 순으로 배치하거나 자세한 이야기의 맥락 속 의미, 작가의 숨겨진 의도 등을 더 정확하게 기억하고 해석했다고 한다. 정보의 홍수 속에서는 발췌독拔萃讀이 필요한 순간들이 생각보다 많다. 그러나 빠르고 경쟁적으로 읽는 것보다 디지털 사회에서 오히려 더 중요한 것은 한 문단을 읽더라도 깊이 있게 천천히 읽는 능력이다.

이동진은 〈이동진 독서법〉[14]에서 대체로 빨리 끝나지 못하고, 시간이 지체되는 일들은 오래 걸리는 시간 자체가 핵심일 때가 많다고 한다. 특히 책과의 만남을 통해 독자가 필자와 소통하느라, 또는 자기 자신과 대화하느라 걸리는 시간이 더욱 그러하다. 저자는 그러한 시간들을 아까워하며 줄이려고 해서는 안 된다고 덧붙이고 있다. 경쟁적 책 읽기를 하면서 시간을 아까워하면, 책을 읽고 나서도 무엇을 읽었는지 알 수 없다. 책은 정복의 대상이 아니라, 독자에게 자문자답自問自答을 요구한다. 왜 이 책을 선택하게 되었는가? 이 책이 건네는 충고나 조언은 무엇인가? 자신의 내면에서 울려 퍼지는 목소리는 무엇인가? 이러한 물음에 답하는 시간은 생각보다 오래 걸린다. 그래서 〈슈퍼거북〉의 '꾸물이'처럼 해먹에 누워 눈을 감은 채, 그 책과의 모든 만남이나 대화 경험을 일단 천천히 음미하고 즐겨야 한다.

스핑크스식 책 읽기와 오이디푸스식 책 읽기

스핑크스[15]는 고대 그리스의 테베에 있는 높은 바위산에 사는 괴물이다. 머리는 여자이고 몸은 사자이며 새의 날개와 뱀의 꼬리를 가지고 있는 반인반수半人半獸의 모습을 하고 있었다. 바위산을 지나가는 행인에게 수수께끼를 내고선 풀지 못하면 그 행인을 잡아먹는 무시무시한 존재였다. 그 수수께끼는 "목소리는 하나인데 네 다리, 두 다리, 세 다리로 되는 것은 무엇인가?"[16] 라는 것이었다. 어느 날, 테베로 가던 오이디푸스가 그 수수께끼를 듣고서는 "그것은 인간이다."라고 대답했다. 스핑크스는 자신이 낸 문제를 오이디푸스가 너무 쉽게 풀어 버리자 수치심에 나일 강에 몸을 던져 버렸다.

진중권은 〈교수대 위의 까치〉[17]에서 이 사건의 상징성을 철학자 헤겔의 주장에 기대어 그 논의의 실마리를 풀어나간다. 스핑크스 형상은 자연 상태에서 벗어나려는 인간의 노력으로 보고 있다. 그래서 스핑크스의 수수께끼는 성숙하지 못한 반인반수半人半獸의 정신으로, 그 수수께끼를 푼 오이디푸스는 명료한 이성을 가진 완전한 인간으로 보고자 한다. 그래서 수수께끼를 푸는 순간, 어둡고 혼란스러운 스핑크스 시대가 지나고 명확하고 합리적인 오이디푸스의 시대가 시작되었다고 본다. 말하자면, 감정과 본능의 시대에서 이성의 시대가 시작되었다는 것이다. 명료한 이성을 지녀야 완전히 성숙한 인간이라는 결론이다.

그렇지만 과연 그럴까? 우리의 읽기 교육의 모습을 통해 이 물음의 또 다른 모습을 살펴보자. 추측컨대, 대부분 교사의 고민은 교육 내용의 '효과적인 전달'에 있을 것이다. 그래서 때로는 '알레고리'를 이용하기도 한다. 어렵고 추상적인 내용을 학생들 눈높이에 맞추어 눈에 보이는 가시적인 형상으로 전달하는 방식이다. 심지어 주어진 문항에 적합한 답을 찾는 방법과 과정까지 몸소 시범을 보이며 친절히 안내해 주기도 한다. 전형적인 오이디푸스적인 교사의 모습이다. 편리하고 효과적이고 명쾌하다. 하지만 이러한 방식에 길들여진 학생들은 반드시 통과해야 할 시험과 무관하게 되면, 그 텍스트^{교과서}를 다시 꺼내 읽지도 않으며, 재음미할 가치도 없다고 판단한다.

인간은 오이디푸스와 같이 단순하고 명쾌하게 떨어지는 그러한 답을 추구하기도 한다. 그러나 그런 합리성만을 추구하는 활동은 자칫 지루해지기 쉽다. 때로는 복잡함과 단순함, 명확함과 불명료함이 역설적으로 결합된 수수께끼 같은 것들을 하나씩 풀어나갈 때에 더 짜릿한 재미를 느끼기도 한다. 인간은 본래 이러한 놀이를 본능적으로 즐기는 존재이기도 하다. 그래서 진중권은 〈교수대 위의 까치〉에서 헤겔의 믿음과는 달리, 인간의 성향은 애초에 오이디푸스가 아니라 스핑크스에 더 가까운 것이 아닐까, 하는 질문을 조심스럽게 던진다.

온작품 읽기 수업을 설계하고 실천하는 교사도 교육 내용을 '효과적으로 전달'하는 것을 고민하고 있기는 마찬가지다. 때로는 '알레고리 방식'을 쓰기도 하지만, '엠블렘 방식'도 쓴다는 점에서 차이가 있다. 알레고리는 눈에 보이지 않는 추상적 관념을 눈에 보이는 가시적 형상으로 표현한다. 반면 엠블렘은 거꾸로 단순한 것을 복잡하게, 명백한 것을 불명료하게 만들어 놓는다. '엠블렘 방식'의 읽기는 김영민의 〈탈식민성과 우리 인문학의 글쓰기〉¹⁸에서처럼 "자신은 '글강'에 빠져 있기 때문에 하루라도 글을 쓰지 않으면 견딜 수 없게" 만든다. 그래서 텍스트라는 강물 속에서 학생들은 살아남기 위해서 허우적거리며 소리쳐야 한다. 정답을 찾기 위해 텍스트를 읽는 것이 아니라, 무조건 살아남기 위해 자신의 '맨눈'으로 읽어야 한다. 어떤 의미에서 '엠블렘 방식'은 수수께끼 푸는 과정과 무척이나 닮았다. 그러면서 자연스럽게 텍스트에 제시되어 있는 수수께끼를 푸는 법을 배우고, 텍스트 읽기 그 자체를 즐기게 된다. 전형적인 스핑크스식 교사의 모습이다. 하지만 정답을 찾는 데 길들여진 학생들에게 다소 불편하고 비효율적이고 불명료한 듯하다.

또 다른 수수께끼: 느림의 미학

그런데 온작품 읽기 수업은 오이디푸스 방식도 아니고 스핑크스적 방식도 아니다. 두 방식 모두 아우르는 수업이다. 예를 들어 온작품을 이용하여 패러디 수업을 설계하는 경우를 살펴보자. 유영희[19]는 「패러디를 통한 시 쓰기와 창작 교육」에서 패러디의 가장 큰 특징은 수용자가 이미 잘 알고 있는 텍스트를 형식과 내용, 장르를 뛰어 넘는 재구성을 하는 것이라고 보고 있다. 그래서 원작과는 다른 독립성을 갖게 된다. 그러나 패러디에서 원작의 중요성을 경시해서는 안 된다고 역설한다. 기존에 잘 알려진 텍스트를 수용자와 창작자와의 대화를 통해 재구성하지만 현대적으로 재해석하기에 패러디는 '전통으로의 복귀'[20]라는 의미를 지니게 된다.

한편, 린다 허천[21]은 정확한 기호화의 의도가 수용자에게 인식되지 않을 경우, 패러디 창작자와 수용자 사이의 대화 행위가 완전하지 않을 수 있다고 말한다. 따라서 수용자는 자신들이 읽는 텍스트가 어느 원작으로부터 패러디한 것인지, 어느 부분을 언어적으로 혹은 풍자적으로 패러디한 것인지를 명확하게 인식해야 한다. 즉, 패러디란 본디

주어진 텍스트의 흐름과 맥락을 정확하게 이해하는 과정을 거친 뒤에야 비로소 그것을 제대로 재구성할 수 있다는 것이다.

유영희와 린다 허천의 주장에서 알 수 있듯이, 중요한 것은 온작품 읽기 수업이 그냥 재미있는 수수께끼 놀이나 다양한 활동만으로 끝나서는 안 된다는 점이다. 그러한 접근은 자칫 텍스트를 보는 학생의 안목을 멀게 하고, 학생들의 지적 호기심을 사라지게 할 수도 있기 때문이다. 최소한, 텍스트 그 자체를 온전히 깊이 읽는 활동이 반드시 전제되어야 한다. 또한 온작품 읽기 수업은 하나의 목표나 결과를 위해서 무작정 달려가서도 안 된다. 그저 작품을 빨리 읽고, 핵심만을 잘 간추려 내는 그런 식의 책 읽기가 되어서는 안 된다. 재미있고 신나는 수업이지만 학생들에게 의미 있는 배움을 일으키는 방향으로 나아가야 한다. 즉 스핑크스식 읽기를 통한 학생들의 흥미 유발과 더불어 오이디푸스식 읽기를 통한 텍스트에 내재한 지적인 깨달음, 두 마리 토끼를 조화롭게 잡아야 하는, '또 다른 수수께끼'가 우리에게 남겨져 있다.

다시 〈슈퍼 거북〉으로 돌아가 보자. 지금 '꾸물이'는 어떻게 지내고 있을까? 느리게 사는 삶의 의미와 가치를 잘 실천하면서 지내고 있을까? 경쟁이 없는 삶은 편안하고 낭만적이지만 진보와 성장의 발걸음을 지체하거나 멈추게 한다. 적당한 긴장을 유발하거나 지나온 삶을 평가해 보는 경쟁을 무조건 지양止揚하는 방식은 과연 바람직한가? '느리게 읽기 경주'와 같은 신박한 아이템으로 토끼와 치타, 그리고 나무늘보나 달팽이와 함께 한 번 '느림의 미학'을 멋지게 겨뤄 보는 독자의 모습을 기대해 본다.

왜 온작품 읽기인가?

온작품 읽기는 철학이다

"교육은 삶과 맞닿아 있어야 한다고 했다. 삶과 맞닿게 하기 위해서
는 이야기가 살아나야 한다. 한 차시의 목표만을 향해 달려갈 것이 아
니라 내가 이 수업을 왜 하는가라는 목적을 다시 상기할 필요가 있다.
〈중략〉 우리가 좋은 작품을 골라서 아이들에게 수업을 한다는 것은 아
이들의 문학적 소양을 높이거나 국어의 기능을 기르는 것을 넘어서 철
학이 있는 수업으로 나아가는 방향의 전환이다."[22]

박지희·차성욱은 〈온작품을 만났다, 낭독극이 피었다〉에서 온작품
읽기를 더 이상 방법적 측면이 아니라 철학적 측면에서 접근할 필요가

있다고 주장한다. 즉, 온작품 읽기는 단순한 언어 기능 숙달이나 문학적 소양 함양을 넘어서 삶의 맥락과 서사를 이해하고 다양한 삶을 이해하는 방향으로 나아가야 한다고 주장한다. 대부분 교사 역시 온작품 읽기가 이러한 삶을 바라보게 하는 철학이 되기를 소망할 것이다. 우리는 여기서 온작품 읽기가 왜 철학이 되어야 하는지, 그리고 철학적 접근이란 어떤 의미인지, 이 두 가지를 더 들여다볼 필요가 있다.

첫째, 온작품 읽기는 '앎과 삶의 이야기'이다. 조한혜정[23]은 교실 속에서 삶을 이야기해야 한다고, 그리고 바람직한 책 읽기는 일차적으로 자신의 삶과 관련하여 읽고 싶은 책이 있다는 것을 전제로 한다고 한다. 즉 삶과 앎의 분리를 극복할 때만이 진정한 자유를 찾을 수 있다고 역설하였다. '앎과 삶의 연계'라는 개념은 온작품 읽기를 통해 알게 되는 산발적인 지식과 감상들을 촘촘한 그물망을 통하여 낚아 올리고, 씨줄과 날줄로 엮어서 '삶'의 이야기로 연계하는 과정이다. 다시 말해, 온작품 읽기는 문학 작품을 배우는 것에서 그치지 않고 자신의 삶을 성찰하는 방식이다. 그런데, 교사들의 고민은 그런 철학적인 이상을 실현하기까지 수업 시간을 통해 앎과 삶의 징검다리를 놓아주지 못한다는 데에 있다. 즉, 교사는 온작품 읽기를 공교육의 장 안에서 학습의 도구와 삶의 도구로 어떻게 활용해야 하는지에 대한 본질적인 고민을 해야 한다. 온작품 읽기로 삶을 전체적으로 조망하는 능력은 우리가 그 무엇인가를 꾸준히, 그리고 온전히 연마하고 나서야 비로소 체득이 된다. 물론 부모와 자녀가 온작품을 읽고서 대화를 주고받으며 교훈과 삶을 나누기도 한다. 분명 자녀의 감성과 이성에 긍정적인 영향을 미칠 것이다. 하지만, 교실 수업에서 온작품 읽기는 부모의 접근 방식과 달라야 하며, 그 수준이나 차원 또한 색을 달리해야 한다. 온작품이 삶을 즐기는 철학이 되어야 한다는 점에는 대부분 고개를 끄덕이지만 그곳까지 가기 위해 학생들이 맞닥뜨리게 될 험난한 고갯길을 아는 사람은 많지 않다.

엄훈의 〈학교 속 문맹자들〉에 나오는 창우[24]와 같은 아이들이 생각보다 우리 교실 속에 많이 있다. 온작품 읽기가 낭만적인 책 읽기로 끝나서는 안 되는 이유이기도 하다. 창우와 같은 아이들도 자신들의 삶 속에서 온작품을 함께 그리고 충분히 즐기도록 도와줘야 하는 것이 공교육 교사로서의 책무이다. 그러기 위해서는 철학적인 접근법이 필수적이다. 사적인 독서 모임이 아닌 학교의 교실 상황에 적합한 접근법을 찾아야 한다. 언어의 기능 숙달과 문학적 소양을 함양하는 것들을 모두 포섭包攝하는 관점, 그것은 가르치는 자와 배우는 자의 삶이다. 그래서 온작품 읽기의 중심축은 '지식의 앎'과 더불어 '인간의 삶'이 중심축이 되어야 한다.

둘째, 온작품 읽기는 만남과 관계 맺기의 과정이다. 사토마나부 교수는 '수업을 통해 누구와 만나게 할 것인가', '수업을 통해서 사물과 어떻게 마주 하게 할 것인가' 라는 과제를 수업 만들기의 중심 테마로 설정한 바 있는데, 이는 '사람과의 만남', '사물과의 만남'이 아이들을 성장시키고 서로 배우는 관계를 구축하는 기초가 되기 때문이다(손우정 역, 2011).

심영택·윤어진(2018)[25]은 사토 마나부 교수의 이 주장을 다음과 같이 이어간 바 있다.

"이 인용문에서 '공부'와 '배움'의 차이를 엿볼 수 있는데, 그것은 바로 '만남과 대화'에 있다. '공부'는 만남과 대화가 실종된 반면, '배움'은 사물과의 만남과 대화이며, 사람과의 만남과 대화를 전제하고 있다. 나아가 자기 자신과의 만남과 대화도 있다. 사물과의 만남과 대화는 주어진 교재나 텍스트, 사물을 읽고 해석하는 행위이며, 사람과의 만남과 대화는 타자인 친구나 교사와 생각과 감정을 주고받는 행위이며, 자기 자신과의 만남과 대화는 이러한 첫 번째, 두 번째 경험을 통해 자아를 성찰하는 행위이다."

이러한 '만남'을 온작품 읽기에 적용한다면 '나와 텍스트와의 만남', '나와 또래와의 만남', '나와 교사와의 만남', '나와 또 다른 나와의 만남'이 이루어질 때 학생들은 또 다른 세계를 만나게 될 것이다. 자신이 읽은 이야기 세계에 진입하여 몰입[26]하게 되고, 작품의 주인공이 되어 그 주인공을 통해 또 다른 내면의 '나'를 만나게 된다. 이는 온작품을 읽고, 공감했다는 방증傍證이기도 하다.

이렇듯 온작품 읽기는 '학문적인 앎'과 '인간적인 삶'을 서로 긴밀하게 연계하게 하고, 만남과 관계 맺기를 통해 학생과 교사에게 배움의 참 의미를 깨닫게 해 준다. 이 때 교사가 주의할 점은 학생들이 온작품 읽기를 통해 '앎'의 진정한 의미도 깨닫게 도와주어야 한다는 것이다.[27] 잘 읽는 사람만 즐기는 수업이 아니라 모두가 즐길 수 있는 문학 수업, 삶의 알맹이를 키워가는 온작품 읽기 수업으로 나아가야 할 것이다.

온작품 읽기 수업의 목적

"한 방송에서 중학생들이 마을 사람들을 인터뷰하는 장면이 나왔다. 아이들에게 기꺼이 인터뷰를 해 주며 자기 이야기를 열심히 들려주는 아저씨가 눈에 띄었다. 왜 그렇게 인터뷰를 자세히 해 주냐는 질문에 아저씨는 "어릴 때 다른 사람들의 삶을 보지 않으면 자라서 세상 사람들이 모두 자기와 같은 입장에 있다고 생각할 겁니다. 저렇게 이웃들의 삶을 들여다보는 공부를 한다는 것만으로 희망이 보여요."라고 답했다. 그렇다. 어릴 때만 배울 수 있는 것들이 있다. 어리고 약하고 작고 사소한 것에 대한 공감 능력이다."[28]

단언컨대, 중학생들의 인터뷰에 응한 아저씨는 무림고수武林高手로 살아가는 '교육학자'임에 틀림이 없다. 그는 분명 교육을 왜 해야 하는지, 교육을 어떻게 해야 하는지, 대학교수나 현장교사보다 더 적확하게 파악하고 있기 때문이다. 또한 '어릴 때부터 이웃의 삶'을 들여다보는 것이 배움의 시작임을 마을 공동체를 통해 알고ginóskō 있었기 때문이다.

온작품 읽기 수업을 하는 교사라면, 적어도 이 아저씨와 같은 교육적인 희망을 꿈꿔야 한다. 그리고 아이들에게 어떤 힘을 길러 주어야 할지도 곰곰이 심사숙고深思熟考해야 한다. 그 희망과 꿈은 다음과 같다.

첫째, 소통 능력과 공감 능력의 신장이다. 말하자면 '어리고, 약하고, 작고, 사소한 것'과 소통하고 공감하는 능력이다. 온작품 읽기 수업에서 흔히 접하는 이런 것들은 우리보다 힘이 약한 것, 혹은 사회적 약자라고 일컫는다. 물론 틀린 이야기는 아니다. 하지만 '어리고, 약하고,

작고, 사소한 것'은 어린 독자 자신이다. 또한 그것은 '온작품' 그 자체이기도 하다. 어린 독자 자신이 스스로 수없이 흔들리고 부러지고 홀로 서기 어렵기 때문에, 자신과 같은 처지에 놓인 온작품을 읽고 배우며 텍스트 속에서 '나'와 같은 작은 존재들에게 위로받고 공감 받게 되는 것이다.

예를 들면, 최숙희(2013)의 〈너는 어떤 씨앗이니?〉는 아이들에게 그러한 공감과 소통을 불러일으키는 작품이다.

"작품에 나오는 씨앗들은 바람에 흩날리고 있으며, 쪼글쪼글 못생겼으며, 꽁꽁 웅크리고 있으며, 툭 건드리면 울 듯하며, 가슬가슬 가시 돋쳤으며, 수줍어 숨고 있으며, 느긋이 꿈을 꾸고 있다. 씨앗의 모습과 속성을 설명하는 내용이지만, 기실 독자나 학생들의 성격이나 심리와 별반 다르지 않다. 범박하게 말하면 텍스트와 학생 간의 친연성(親緣性)이다. 씨앗 이야기인 듯하지만, 자신들의 이야기이다. 그래서 씨앗에 자신의 감정을 자연스럽게 이입시켜 '활동적 배움'(텍스트 이해와 감상 활동)을 일으킨다. 텍스트와의 친연성이 학생들로 하여금 낯선 텍스트를 두려워하지 않고 자연스럽게 '접촉'하게 하는 이유로 보인다."(심영택·윤어진, 2018)

서천석은 〈그림책으로 읽는 아이들 마음〉에서 아이들은 그림책을 통해 작고 약하며, 보잘 것 없는 존재들에게 감정 이입해 위로를 받는다고 이야기한 바 있다. 아이들은 작은 동물이나 곤충에 자신의 모습을 투영하여 쟤네들도 하는 것이라면 나도 할 수 있을 것이라는 자신감을 얻고 작은 존재들이 실패하는 모습을 보면서 동질감을 얻게 되는 것이라고 설명하였다. '어리고, 약하고, 작고, 사소한 것'과의 소통 능력과 공감 능력은 결국 '나'와 '너', 그리고 우리 모두를 이 땅에서 튼실하게 뿌리내리며 굳건하게 살아가는 힘을 제공해 준다.

둘째, 온작품 읽기 수업은 삶의 다양성과 앎의 복수형[29]에 대한 이해 능력을 신장하는 데 그 목적이 있다. 먼저 '앎의 단수형'이 주는 의미를 살펴보자. 앎의 단수형은 하나, 정해진 정답, 즉 정해진 학습목표 안의 표준화된 수업 전략 등을 의미한다. 온작품 읽기 수업은 이러한 앎의 단수형을 비판한다. 그리고 학습목표를 '유일한 하나'와 같이 좁은 의미로 해석하거나 문자적으로 해석하는 것을 지양한다. 다소 광범위한 의미의 언어 기능[skills] 신장이나 문학적 소양[literacy] 능력 함양뿐만 아니라, 인간의 삶에 대한 이해를 그 수업 목표에 포함시키고자 한다. 더 나아가 '하나의 정답'이라는 단순화된 평가의 틀에서 '더 좋은 답이 있다'는 복수성의 틀로 전환시키고자 한다.

염은열(2010)[30]은 초등교사가 될 교육대학교 대학생들이 텍스트에 대한 정답을 암기하고 시험으로 확인하는 폐쇄적 경로에서 자유롭지 않다고 했다. 예비교사들마저도 문학 작품을 스스로 해석해 본 경험이 부재하고, 이를 어떻게 교육할지 난처해 한다는 것이다. 기존 문학 수업은 평가를 위한 도구로 전락해 버렸다. 텍스트의 유희적遊戲的 의미가 사라지고, 시험을 위한 분석 도구에 불과했던 것이다. 온작품 수업을 도전하는 교사들은 학생들이 다양한 매체를 즐기고, 이를 통한 발달을 도모하는 수업이 필요하다는 주장에, 그리고 이제 문학의 즐거움과 의미를 체험하는 문학 수업다운 수업이 필요하다는 주장에 공감하고 주목하고 있다. 잎서 소통 능력과 공감 능력의 신상이 개인적 성장을 도모한다면, 삶의 다양성과 앎의 복수형에 대한 이해 능력의 신장은 학생들을 사회적 성장의 길로 이끈다.

마지막으로 온작품 읽기 수업은 '오래된 미래' 공동체를 만드는 데 그 목적이 있다. 헬레나 노르베리 호지가 쓴 〈오래된 미래〉[31]는 서부 히말라야 고원의 한 작은 마을, 라다크를 배경으로 한, 마을 공동체의 서사이다. 저자는 빈약한 자원과 혹독한 기후에도 불구하고, 생태적 지혜를 통해, 천년이 넘도록 평화롭고 건강한 공동체를 유지해 온 라다크가 서구식 개발 속에서 환경이 파괴되고 사회적으로 분열되는 과정을 보여 주며, 사회적·생태적 재앙에 직면한 우리의 미래에 대한 구체적인 희망은 개발 이전의 라다크적인 삶의 방식이라고 말하고 있다.

겉으로 보기에 한국의 교실 사회는 인터넷 설치, 스마트폰 사용, 획기적인 빔 프로젝트 등이 설치되어 있어, '양적으로' 매우 풍족한 교육 인프라를 구축하고 있다. 하지만 '조그마한' 교실 사회에서 아이들이 꿈꾸는 '미래의 기억과 담론'을 생각해 보면, 라다크 마을 사람들보다 더 '빈약한' 사회·문화적 자본으로 근근이 생존하고 있는 실정이다. '아는 것이 힘이다'는 슬로건으로 암기식·주입식 교육을 주창하는 모습에서, 신분상승과 계층상승 욕구를 충동하고 충족시키고자 하는 경쟁적 교육을 지향하는 모습이 그 사회·문화적 자본의 '빈약함'의 실체이다.

이제 우리도 온작품으로 근대적 교육 방식 이전의 두레 공동체와 같은 교육을 통해 '생태적 지혜'를 습득할 필요가 있다. 온작품 읽기 수업으로 아이들과 함께 만든 교실 수업 공동체는 '기억 공동체'임과 동시에 '담론 공동체' 형태로 존재한다. 그 기억과 담론은 한정된 수업 시간과 교실 공간에서 형상화되고 구체화된 교사와 아이들만의 이야기이며, 아이들은 그 맥락과 서사를 가슴 한 쪽에 품으면서 자신들의 삶을 말 그대로 한 작품으로 재구성하며 살아가게 된다. 마치 워즈워드의 시 '무지개'처럼 학창시절, 선생님과 함께 온작품을 읽고, 또래 친구들과 소소하게 나눈 이야기는 하늘에 떠 있는 무지개처럼, 그 수업 시간을 떠 올릴 때마다 가슴을 뛰게 할 것이다. 말하자면, '생태적 지혜'란 언젠가 성인이 될 어린 독자의 기억과 담론에서 회자膾炙될 그런 삶의 지혜라고 할 수 있다. 교사는 온작품 읽기 수업을 통해 그런 지혜를 길러주어야 한다. 교사는 온작품 읽기 수업을 통하여 학생들의 소통 능력과 공감 능력을 신장하게끔 하고, 학생들로 하여금 '앎'의 다층적인 인식 층위와 '삶'의 다양한 실현 양상을 이해할 수 있게 해 주어야 한다. 또한 초등학교 시절, 그 읽기 경험과 수업 경험이 친구들과의 기억 공동체와 담론 공동체를 형성하도록 도와주어야 한다. 교사들이 온작품 읽기 수업을 하는 궁극적인 목적은 우리 아이들로 하여금 이러한 소통과 공감 능력을 길러 주고, 삶을 살아가는 지혜를 깨닫게 해 주고, 오래된 우리 미래 사회 공동체를 튼실하게 가꾸는 능력을 양육하는 데 있다.

온작품 읽기에 대한 오해와 편견

온작품 읽기 수업에 대한 교사들의 반응

온작품 읽기 수업은 학생들의 전폭적인 지지를 받는다. 딱딱한 국어 교과서를 벗어나 재미있는 이야기책을 읽고 다양한 활동으로 수업을 한다는 것, 그것은 학생들에게 즐거운 일이 아닐 수 없다. 2019년 교육부에서 초·중·고 교사 4,855명을 대상으로 한 〈한 학기 한 권 읽기의 현황과 개선 방안〉[32]에 대한 설문 조사에 의하면, 교사들 역시 대체로 긍정적인 반응을 보이고 있다.

"생각보다 아이들이 책 읽는 것을 좋아하고, 열심히 참여해 의미 있는 교육 활동이라 생각한다."

"실제 학생들의 발달이 눈에 띄는 수업이어서, 교사로서 성취감이 컸던 수업이다."

"단편적인 지식 전달보다 높은 교육적 효과와 수업 참여도를 보일 수 있는 방법이다."

그렇지만 설문 조사 말미에 시간 확보가 어렵다는 고충과 함께, 어떤 책이 학생들에게 좋은 작품인지 몰라, 선뜻 온작품을 선택할 수 없다는 고민도 토로하고 있다. 또한 정해져 있는 교과서 수업과는 달리, 교사가 수업을 설계하고 준비해야 하는 과정도 부담스러우며 온작품 수업이 기존의 독서교육과 무엇이 다른지, 어떻게 학생들과 온작품을 읽어 나가야 하는지 난감해 하고 있다.

교육적인 딜레마 상황이다. 자칫 잘못하면 좋은 수업을 하고 있다는 자아도취自我陶醉에 빠지기 십상이다. 그런데 현실의 벽은 생각보다 높고 험난하다. 이 딜레마는 어쩌면 온작품과 온작품 읽기 수업에서 오는 오해와 편견에서 비롯된 것일 수도 있다. 그 오해와 편견의 실상을 하나씩 들여다보면서 이 딜레마 상황을 풀어보자.

어느 교사의 '낙관적인' 생각

"한 학기 동안 나름대로 꾸준하게 책 읽기를 하면서 함께 읽고 생각 나누기와 표현하기 활동을 다양하게 했기 때문에 모둠 읽기에서도 그 방법을 잘 적용해서 근사한 결과를 뚝딱 만들어 낼 줄 알았는데 그건 너무 큰 기대였나 보다. 함께 읽기를 하면서 책 읽기의 힘을 꽤 키웠다고 생각했는데 아직 기대한 수준만큼 단단해지지는 못했다. 한 학기 만에 아이들의 책 읽기 실력이 훌쩍 늘었을 거라고 혼자 너무 낙관적인 생각에 빠져 있었던 것이다."[33]

온작품 읽기 수업은 국어 교과서만으로 하는 수업에 비하여 이야기 속 주인공 되기와 학생들의 텍스트에 대한 접근 가능성, 몰입 가능성이 열려 있는 수업이다. 따라서 온작품 읽기 수업을 하는 교사는 학생들이 온작품을 주도하여 읽고 생각을 표현하는 역량이 성장하기를 기대한다. 그러나 위 교사의 고백과 같이 현실은 그 기대를 외면할 때가 많다. 한 학기에 한 권을 읽거나 일 년에 20차시 이내의 시간[34]만으로는 학생들의 책 읽기 실력이 좀처럼 늘지 않는다. 또한 온작품을 읽은 후에 다른 작품 읽기로 전이되는 경우 또한 매우 드물다. 학생들이 온작품 읽기 수업에 보이는 긍정적인 반응 또한 교과서 수업에 비해 학습량의 측면에서 인지적 부담이 훨씬 덜하기 때문이다. 물론 학생들에게 좋은 추억으로 그리고 강렬한 인상을 남기는 수업으로 자리매김될 수도 있겠지만, 온작품으로 수업을 했다는 사실만으로 앞서 제기한 교육적인 딜레마가 모두 해결되지는 않는다. 아이들은 여전히 책 읽기를 싫어하며 스스로 읽으려 하지 않고, 그 내용을 자세히 설명해 주어도 제대로 이해하지 못하는 경우가 태반이다.

온작품과 교실 속 수많은 '창우들'

엄훈의 〈학교 속의 문맹자들〉[35]에 등장하는 '창우'는 읽어도 무슨 뜻인지 제대로 알지 못하는 읽기 학습 부진아이다. 글자도 곧잘 읽고 수업 시간에도 적극적인 모습을 보이지만 자신이 읽은 내용을 이해하지 못한다는 것을 숨기기 위해 이해한 척 고개를 끄덕이는 등, 학습 부진을 회피하는 생존 전략을 사용하였다.

창우는 우리 교실 속 어디에나 있다. 텍스트를 이해하지 못하는 우리 아이들은 교실 안에 함께 있지만 책 밖으로 끊임없이 도망친다. 창우의 문제는 문장이 문단을 이루는 과정에서 그 관계를 이해하며 텍스트를 읽는 안내를 받은 적이 없다는 데에 있다. 읽을 줄 안다고 생각하여 더 좋은 학습을 받아야 하는 권리를 박탈당하고 방치된 경우이다.

교실 속 수많은 창우들은 점점 두꺼워지는 교과서와 외계어로 말하는 교사 앞에서 그야말로 속수무책束手無策이 된다. 그나마 다행인 것은 '하늘에서 내려온 동아줄' 같은 온작품 읽기 수업으로 숨을 쉴 수 있다는 것이다. 온작품은 학생들이 접근하기 용이할 뿐만 아니라, 작품을 통째로 읽어 나가기 때문에 그 맥락을 따라갈 수 있다. 하지만 일말의 우려는 여전히 남아 있다. 온작품으로 수업을 재미있게 할지라도 교사의 도움 없이, 혼자 그 읽기 과정을 온전히 감내해야 한다면, 그 결과는 교과서 수업의 경우와 같거나 아마 비슷할 것이다. 그들은 여전히 온작품 속에서도 길을 잃고 헤매며 학교 속의 문맹자들로 남아 있을 가능성이 높다. 그래도 온작품은 수많은 교실 속 창우들에게 마지막 희망의 끈이다.

온작품은 교과서와 같이 가치중립적이고 객관적이며 합리적인 수업 교재로 변환이 가능하다. 교과서의 장점은 텍스트 사이사이에 질문을 던져서 텍스트를 분석적으로 '독해'할 수 있는 거름망의 역할을 한다는 것이다. 반면, 온작품의 장점은 작품 전체의 흐름을 한꺼번에 감상할 수 있도록 몰입의 장을 제공해 준다는 것이다. 교과서와 온작품의 장점을 각각 취하여 교실 속 수많은 창우들까지도 온작품을 읽고 소화할 수 있도록 해야 한다. 교사가 온작품과 그 내용을 조금 더 친절하게 안내하고 천천히 읽고 음미하도록 해야, 창우 같은 아이들도 어떤 한 문장을 이전에 읽었던 문장과 연결 고리를 지을 수 있으며, 문단과 문단의 관계와 글 전체의 맥락을 제대로 이해하는 길로 나아가게 된다. 언젠가 그들도 작가와 대화를 하게 되고 온작품 속 인물들과 진짜 친구가 될 수도 있을 것이다. 그저 눈대중으로 한 번 온작품을 대충 읽히고 수업을 마무리하기 위해, 아니면 성취기준 달성 여부를 확인하기 위해 마구 달려가서는 안 된다. 온작품이 교과서보다 좋은 읽기 자료가 된다면, 세상보다 따뜻한 온돌방이 된다면, 교실 속 수많은 창우들이 온작품을 즐기기 위해 학교 도서관이나 마을문고를 자유롭게 넘나들게 될 것이다.

어느 교사의 방임(放任)

"평소 틀에 얽매이는 것에 거부감이 있어 활동지 같은 것을 만들기를 꺼렸는데 이 수업에서는 오히려 아이들에게 책 대화하기를 위한 안내가 필요했다. 아이들에게 책 대화하기의 첫 시작인 질문 만들기부터 모두 열어 놓았더니 오히려 갈피를 못 잡았고 내용을 정리하기도 어려워했던 것 같다. 돌아보니 아이들에게 책 선택권을 주고 제대로 읽기 수업을 하기 위해서 여러 책을 선정할 때부터 교사의 노력이 더 필요했다. 우리 반 학생들이 읽을 수 있을 만한 책을 고르고, 읽은 책으로 서로 대화를 할 수 있도록 교사가 준비하고, 읽기 전략을 한 번 더 확인하고 학습하는 과정을 거쳤어야 했다. 아이들에게 모든 것을 열어 두고 처음부터 끝까지 알아서 하라고 한 것은 방임과도 같았다. 의미 있는 수업이 되기 위해서 내가 꼼꼼하게 준비했어야 했다."[36]

수업의 틀과 활동지 형식에 거부감을 보이는 것을 보면, 이 글을 쓴 교사는 아마도 진보적인 성향을 지닌 듯하다. 그래서 학생들에게 온작품을 선택할 권리와 온작품으로 활동할 자유도 부여한 듯하다. 그러면서 내심 학생들 스스로 온작품을 내면화하여 깊은 대화를 나눌 수 있을 것이라고 순수한 착각(?)을 하였다. 다행스럽게도 그 교사는 학생들이 길을 잃고 헤매는 듯한 수업 상황을 금방 인지한 듯했다. 그리고 그 상황이 교사 자신의 수업 설계의 미진함과 읽기 전략에 대한 안내 부족에서 발생하였음을 밝혀냈다.

온작품 읽기 수업은 부모가 자녀의 책을 읽어주듯 관계와 놀이를 목적으로 한 책 읽어주기와는 성격을 달리 해야 한다. 그저 책을 읽는 것만으로는 모든 학생들이 제대로 읽을 수 없다. 교사는 학생들이 잘 읽을 수 있도록 문장과 문장 사이에 적절한 질문을 던져 줘야 한다. 또한 학생들이 좋은 질문을 만들 수 있도록 학생 개개인마다 정확한 진단을 내려야 하며 그에 따른 처방을 해야 한다.

의사는 청진기 소리만으로도 환자의 상태를 대략 파악한다. 환자의 숨소리와 목의 상태, 얼굴의 색깔을 살피고 진단을 내려 약을 처방한다. 수업 속에서 교사는 학생들의 반응을 면밀히 살피고 학생들이 이해하지 못하는 지점을 포착하여 무엇이 문제인지를 정확하게 파악해야 한다. 학생들이 멈칫거릴 때, 자신이 하고 있는 것을 멈추고 그 지점부터 다시 개입하여 '이해'의 과정을 반복해야 한다.

온작품 '읽기'에 대한 안내를 받는 과정은 징검다리를 건너는 것과 같다. 온작품 읽기 수업은 원래부터 책을 좋아하는 학생들만을 위한 수업이 아니다. 읽기를 싫어하는 학생, 읽지 못하는 학생과 잘 읽는 학생 모두의 성장을 위한 수업이다. 그러기 위해서는 잘하는 학생만을 위한 화려한 활동 수업이 아닌, 학생마다 교사의 정확한 진단과 처방으로 지식 이해와 활동의 조화가 단계적으로 이루어지는 수업이 되어야 한다. 즉, 교사가 학생들을 바라보며 모든 학생이 건널 때까지 징검다리를 두드리는 그런 수업이어야 한다.

누구나 할 수 있는 수업일까?

온작품 읽기의 철학이나 정신, 그 수업 전략이나 방법을 제대로 모르는 교사들에게 남아 있는 오해 또는 오만 하나는 '초등교사라면, 어떤 온작품이라도 한번만 읽어 보면, 쉽게 이해가 된다.'거나 '초등교사라면, 누구나 그런 수업을 할 수 있다.'이다. 교사 스스로 초등교육의 특수성이나 수업 전문성을 의심하거나 폄하하는 데서 비롯된 터무니없는 발언이다. 그래서 때로는 문학성은 뛰어난 작품인데, 학생들의 발달

단계와 맞지 않아 학생들로부터 공감을 전혀 얻지 못하는 그런 수업도 있다. 때로는 학생들이 반드시 깊고 단단하게 배워야 할 지식이나 기능을 온작품으로 '퉁' 치면서 너무 얕고 간단하게 처리해 버리는 수업을 하기도 한다.

대부분의 교사들이 많은 관심을 갖고 있지만, 그저 재미있는 이야기책으로 다양한 활동을 하는 수업, 도전할만하지만 그리 어렵지 않은 수업으로 간주하기 때문에 발생하는 결과이다. 이러한 현상은 초등학교 온작품 읽기 수업에 대한 정체성의 문제이기도 하다. Shul-man(1986;1987)은 교사의 전문성을 교과 지식과 교육학 지식이 아니라 교수내용지식[PCK 37]으로 평가해야 한다고 주장하였다. 즉, PCK는 어느 한 쪽으로 치우친 것이 아니라 교과 지식과 교육학 지식의 결합적인 의미이며, 교육학적 지식[Pedagogical]을 이용하여 내용학적 지식[Content Knowledge]을 학생에게 맞도록 가르치는 방법에 대한 지식으로 규정하고 있다.

온작품 읽기 수업의 경우, '새로운' PCK가 필요하다. '초등교사가 전문가인가?' 하는 물음에 다시 답하기 위해서라도, 교육대학교에서 학습하고 단위학교 현장에서 경험한 '기존' PCK에 대한 지나친 자부심과 안일함을 다시금 경계해야 하기 위해서라도 '새로운' PCK가 반드시 필요하다. 교사가 수업을 설계할 경우, 막상 교육과정의 성취기준에 적합한 온작품은 무엇인지, 그 기준부터 고민하게 된다. 또 만에 하나 온작품을 선정하더라도 그 작품이 학생들의 발달 단계에 적합한지도 문제가 된다.

초등교사라면 '누구나 할 수 있는 수업'이라는 섣부른 주장은 누구나 가능하다. 하지만 그 주장으로 인해 배워야 하는 학생을 교육에서 방치하는 수업을 할 수도 있기에 그런 주장은 매우 위험하며, 함부로 내뱉어서는 안 된다.

튼튼한 PCK 나무와 동심(童心)

〈교사를 위한 온작품 읽기〉[38]에서는 아동문학 또한 문학적 진실성을 추구하는데, 그 안에서 동심과 교훈이 수시로 충돌을 일으킨다고 한다. 즉, 사람들은 '동심' 때문에 교육적 가치와 문학적 가치 사이에 혼동을 일으킨다는 것이다. 아동문학의 목적을 '교훈성'으로 접근한다면 온작품 읽기 수업은 교훈적인 의미를 찾고 학생들의 행동을 변화하기 위한 단기적인 수단으로서의 목적을 갖게 될 것이다. 오히려 그 과정은 온작품 선정에서부터 수업을 설계하기까지 매우 간단할 수 있다. 또한 그러한 주제의 온작품은 내용을 분석하고 해석할 필요 없이 표면적으로 쟁점이 드러나서 쉬운 읽기 수업이 될 것이다.

그러나 앞서 언급한 바와 같이, 문학성으로 접근한다면, 학생들에게 가르칠만한 작품인가, 학생들도 공감할만한 내용인가, 하는 고민을 하게 된다. 만약 그렇지 않다면 수업 중에 다양하고 깊게 읽은 경험이나 학생들 자신의 이야기가 우러나올 수 없다. 문학적 가치와 교육적 가치 사이에서의 균형을 찾아가는 과정이 온작품에 대한 안목을 기르는 PCK가 된다. 교사는 누군가의 평론과 해석으로 온작품을 읽는 것이 아니라 자신만의 안목과 감성으로 온작품을 읽으면서 자신만의 PCK를 축적해 나가는 연습을 해야 한다.[39]

교사는 온작품을 읽으면서 그리고 온작품 읽기 수업을 설계하는 작업을 하면서 당대의 수업 문화를 읽는 능동적인 자세를 취할 때만이 '새로운' PCK가 창조된다. 교사의 튼튼한 PKC 나무 아래에서 모든 학생들이 온전히 작품을 읽고 즐기며 올곧게 성장하는 날을 그려본다.

온작품 읽기의
슬로건(Slogan)

근대적 방식으로 교육하기

근대 올림픽 창설자인 피에르 드 쿠베르탱[40]은 자신의 친구인 앙리 마르텡 디동 목사가 학교 운동선수들의 공로를 치하할 때 한 말을 인용하여 '보다 빠르게, 보다 높게, 보다 힘차게Citius, Altius, Fortius' 라는 올림픽 정신을 상징하는 역사적인 말을 남겼다. '보다 빠르게'는 100미터 달리기와 마라톤, 수영과 철인 경기 선수들의 꿈을 위하여, '보다 높게'는 높이뛰기, 장대높이뛰기 선수들의 꿈을 위하여, '보다 힘차게'는 포환던지기, 창던지기, 넓이 뛰기 선수들의 꿈을 위한 슬로건이다.

그런데 이런 올림픽 정신은 '합리주의'를 지향하는 근대 철학과 밀접한 관련이 있다. 이진경(2007)에 의하면[41], '합리성'이란 그 어떤 현상에 관해 확실한 근거를 찾게 해 주거나 적어도 그럴듯한 이유를 찾게 해

주는 이성의 작동 또는 이성의 발휘로 해석하고 있다. 나아가 '근대적 합리성'은 미신이나 주술 등에서 벗어나는 '탈신비화' 등을 가리키기도 하지만, '계산 가능성'이 가장 핵심적인 의미라고 주장한다. 그리고 그 구체적인 사례를 다음과 같이 제시한 바 있다.

> "고흐의 그림과 샤갈의 그림 중 어느 것이 더 훌륭하다고 혹은 가치 있다고 말할 수 있을까? 사실, 보는 사람에 따라 그림에 대한 취향과 기호가 다르므로 한마디로 말하기는 어렵다. 다시 말해서 훌륭하다거나 가치 있다는 것은 질적인 평가이기 때문에 측정할 수 없다. 그런데 만약 고흐의 그림은 5억 원이고 샤갈의 그림은 1억 원이라면 우리는 아마도 고흐의 그림이 샤갈의 그림보다 5배 더 가치 있고 훌륭하다고 인식할 것이다." (이진경, "모더니티의 지층들", 2007년)

근대 합리주의는 데카르트의 명제 '나는 생각한다. 고로 나는 존재한다.'에 기반하고 있다. 그가 말하는 '생각'이란 지식의 중요한 근원 및 검증 수단으로서 '이성'에 다름 아니며, 그가 추구하는 인간상은 이러한 이성적인 인간, 과학적으로 사고하는 인간이다. 근대성과 합리성은 과학과 기술의 발달로 이어질 뿐만 아니라, 인간의 모든 활동을 지배하는 삶의 원리로 공고하게 자리 잡아 갔다.

근대 교육 또한 예외가 아니다. 올림픽 슬로건은 어쩌면 신자유주의 시대에 경쟁만을 강조하고 강요하는 우리 교실의 이야기로 울려 퍼지고, 데카르의 명제는 다음과 같이 재해석되어 문학 수업의 슬로건으로 등장하기도 한다.

'나는 문학 작품으로 보다 빨리, 보다 쉽게, 보다 멀리 생각한다. 고로 나는 입시 경쟁에서 살아남는다.'

재해석된 데카르트 명제는 문학 작품을 사고력 신장에 엄청난 힘을 발휘하는 하나의 수단이자 도구로 보고 있다. 사고의 속도성 차원(보다 빨리)에서, 사고의 용이성 차원(보다 쉽게)에서, 그리고 사고의 효율성 차원(보다 멀리)에서 그러하다. 문학 작품을 함께 읽는 친구도 그저 상급학교를 향해 무한 질주하는 자신의 경쟁자로 인식될 뿐이다. 근대적인 방식으로 작품을 읽게 된 문학 수업은 자신의 정체성을 살필 겨를도 없이 점차 변질되어 갔다. 앞만 보고 달리다가 번 - 아웃$^{burn\_out}$해서 탈진해 버리는 우리 아이들의 모습이 교실에서 아른거린다.

온작품 '보다 빨리' 읽기

문학 작품을 남들보다 보다 빨리 읽고, 보다 많이 읽고 싶은 욕구는 근대 교육이 빚어낸 양상이다. 그래서인지 초등학교 도서관 포스터에 유사한 구절이 자주 등장한다. '독서왕이 될래요', '독서오름길', '독서달리기' 등이 그러하다. 독서 동기를 불러일으키고 독서 습관을 배양하고자 하는 그 취지와 의향은 충분히 공감된다.

무조건 남들보다 많은 책을 읽어야 독서왕이 될 수 있고, 정상에 도달할 수 있고, 목표 지점에 도달할 수 있다. 남들보다 빨리 신기록을 세우기 위해 밤낮 달려야 하는 책읽기 선수의 숙명이다. 대학 도서관도 마찬가지다. 책을 읽는 행위는 지성의 계발이나 감성의 고양^{高揚}과는 거

교실 환경 게시판에 붙어 있는 '독서왕', '독서오름길' 스티커판의 모습

리가 면, 그저 푸짐한 상품과 상금을 받기 위해 남들보다 빨리, 그리고 많이 읽어야 하는 독서 경주의 일환일 뿐이다.

하지만 이러한 방식의 온작품 읽기 경주는 매우 위험하다. 학생들로 하여금 '독서 폭식주의'에 빠지게 할 수도 있다. '폭식증'은 한 번에 집 중적으로 많은 음식을 먹으며 배가 부른데도 먹는 것을 멈출 수 없을 것 같은 신경성 증세이다. 그런데 기간을 정해 놓고 경쟁적으로 많은 책을 읽게 하면 학생들도 이와 같은 '독서 폭식증'에 걸리기 십상이다. 도서관 포스트에는 주제나 쟁점에 대한 언급도 없고, 글을 어떻게 읽어 야 하는지 안내도 없다. 그냥 무턱대고 읽어 대기만 하면 된다. 그러다 가 무슨 책을, 왜, 얼마나, 어떻게 읽어야 할지 스스로 조절하고 통제 할 수 없는 상태에 빠지고 만다.

이러한 방식의 온작품 읽기 경주가 위험한 또 다른 이유는 독자들의

좌 | 교실 환경 게시판의 '독서달리기'판의 모습
우 | 2017년 다독자 선발 대회 포스터

'지적 허영심'과 관련이 있다. 니체에 의하면, 인간의 허영심은 이 세상에서 가장 손상 받기 쉬운 반면, 정복되기 어려운 것이라고 한다. 나아가 그 허영심이 손상 받았을 때, 오히려 반동이 커져서 가속도가 커진다고 한다. 허영심이 커질수록 자신의 허영에는 눈이 먼다. 경쟁적 책 읽기는 자신의 분수에 맞지도 않은 책까지 읽고 독서 목록에 추가하며 독서량을 늘렸다는 표시를 함으로써 독자의 지적 허영심을 쉽게 부풀게 한다.

신기록과 독서왕을 꿈꾸는 독자는 읽지도 않은 책을 책상 위에 수북이 쌓아 두고자 하거나, 남들보다 더 많은 책을 책꽂이에 진열한 채 뿌듯해하기도 한다. 그 높이와 양은 분명 그 독자의 지적 호기심을 충족시켜 주는 데 도움을 줄 것이다. 하지만 그것이 누군가와 경쟁심으로 시작되었다면, 니체의 말대로 그는 틀림없이 자신의 지적 허영심을 과시하고자 했음에 틀림이 없다. 그 지적 허영심이라는 쭉정이가 비록 빛깔이 아름답고 커 보여도 결코 여물고 꽉 찬 알곡 지식이 될 수 없다.

탈-근대적 방식으로 교육하기

예전에 '나팔꽃 시노래 콘서트'가 한양대학교 대극장에서 개최된 적이 있었다.[42] 한국의 시단을 대표하는 시인 김용택, 안도현, 도종환, 정호승 등과 다양한 장르에서 활동하는 작곡가 백창우, 김현성, 류형선, 이지상 등이 참여한 이 콘서트는 총 3부로 이루어졌다. 1부는 더 크고 위대하기보다 소박한 아름다움으로 '작게', 2부는 아래로, 아래로 내리는 것들의 아름다움으로 '낮게', 3부는 한걸음, 한걸음 천천히 걸을 때 세상을 자세히 보는 아름다움으로 '느리게'라는 슬로건을 내세웠다.

분명 '나팔꽃 시노래 콘서트'의 시와 노래는 근대 올림픽 정신으로 적자생존 사회 속에서 무한질주無限疾走를 하며 살다가 외롭고 지친 사람들의 마음속에 '작게', '낮게', 그리고 '느리게' 스며들어 삶에 위안을 주고, 따뜻한 온기를 분명 느끼게 해 주었을 것이다.

그런데 돌연, '나팔꽃 시노래 콘서트' 풍경이 내 눈 앞에서 새롭게 펼쳐졌다. 퇴근길 고단하고 힘들 이들이 '시인이자 작곡가'이며, 그들이 둘러앉은 길모퉁이 소줏집이 '공연장'이며, 그 소줏집에서 새어나오는 정다운 불빛과 이야기가 바로 '시와 노래'로 보이고 들리기 시작하였다. 그들이 예술과 문학의 주체가 되어 자신들의 외롭고 쓸쓸한 삶을 시와 노래로 바꾸어 서로를 위로하고 서로에게서 위로받고 있는 풍경이 그려졌다.

이우근 변호사도 이러한 시대 상황에서 사람들에게 필요한 것은 오히려 '거룩한 어리석음'the holy stupidity이라고 역설한 바 있다.

"모두가 더 높이 올라가려는 시대에 자기 삶의 자리를 '더 낮게' 내려 잡고, 더 빨리 앞으로만 달려가려는 사회에서 무슨 바보인 듯 '더 느리게' 휘적거리며, 더 멀리 나아가려는 사람들 틈에서 무엇엔가 '더 가까이' 다가가려는, 마치 시대를 거꾸로 사는 듯한 '이단아'들이 얼른 눈에 띄지 않는다."[43]

비록, 근대 합리성과 실용성이 인간의 성취 욕구(더 높이, 더 빨리, 더 멀리)와 탐욕 구호(더 크게, 더 넓게, 더 많이)에 정당성을 부여해 주지만, 그렇다고 우리 삶의 유일한 도그마가 되어서는 안 된다는 것이다.

교실에서도 온작품으로 '더 작게', '더 낮게', '더 느리게' 수업하는 바보 같은 교사들이 보이기 시작하였다.[44] 그들의 관심은 온작품 읽기 수업을 온정과 열정으로 설계하고, 비록 느릿하지만 꾸준히 실행하고, 깊이 있고 고요하게 성찰하는 데 있다. 그들의 시도와 노력은 바보스럽고 이단적으로 보일 것이다. 하지만 언젠가 작품을 보는 교육적인 안목이 보다 날카롭게 되고, 아이를 품는 마음이 보다 넉넉하게 되며, 자신의 삶과 인품도 보다 묵직하게 될 것이다. '그 거룩한 어리석음'이 어떠한 교육적인 의미를 지니고 있는지는 계속해서 두고 볼 일이다.

온작품 '보다 느리게' 읽기

김상욱은 〈시의 길을 여는 새벽별 하나〉[45]에서 정희성의 시, 〈저문 강에 삽을 씻고〉[46]라는 시로 첫째 마디의 글을 연다.

흐르는 것이 물 뿐이랴

우리가 저와 같아서

강변에 나가 삽을 씻으며

거기 슬픔도 퍼다 버린다

일이 끝나 저물어

스스로 깊어가는 강을 보며

쭈그려 앉아 담배나 피우고

나는 돌아갈 뿐이다

삽자루에 맡긴 한 생애가

이렇게 저물고 저물어서

샛강바닥 썩은 물에

달이 뜨는구나

우리가 저와 같아서

흐르는 물에 삽을 씻고

먹을 것 없는 사람들의 마을로

다시 어두워 돌아가야 한다.

정희성, 〈저문 강에 삽을 씻고〉

노동을 마치고 저물어 가는 하루의 끝에서 강을 바라보며 삽을 닦는
어느 노동자는 강과 함께 삶의 힘겨움과 고통도 흘려 버려야 하는 숙
명을 덤덤히 받아들이고 하루를 살아낸다.

김상욱은 정희성의 시에서 보여 지는 노동자의 힘겨운 삶을 깊이 읽
기 위해 박재동의 만화 한 장면[47]을 아주 상세하게 묘사한다. 벽에 걸
린 옷 두벌과 옷장 위에 언제든 떠날 준비가 되어 있는 단출한 짐 보따
리까지. 전세 값이 없어 자살한 가족의 신문 기사 귀퉁이와 그와 다를

바 없는 처지의 한 가족을 묘사한 박재동의 만화 한 장면을 샅샅이 파헤친다. 그 가족의 표정과 옷차림, 자세와 방의 물건들로 말미암아 그 시대 사람들의 이야기를 한다.

〈한겨레 신문〉에 실린 박재동의 만평

그런데 생각보다 이렇게 '보다 느리게' 읽는 사람, 즉 만독^慢讀, slow reading 하는 사람들이 많다. 일본의 소설가 오에 겐자부로는 어머니가 사 준 〈허클베리 핀의 모험〉 상하권을 아홉 살 때부터 열세 살 때까지 5년 동안 매일 읽으면서 '만독'의 의미를 깨우쳤다고 한다.[48] 한국경제신문 논설위원 고두현 시인, 초등학교 1학년 때 산에 나무하러 지게를 찾으러 헛간에 갔다가 '로빈슨 크루소 모험'을 만나고 천천히 아껴서 읽게 되었다고 한다.[49] 그들은 한결같이 이야기한다. '느린 것이 때론 빠르다.' '멈출 때 비로소 나에게 들리기 시작한다.'

우리는 이처럼 사진이나 그림 한 장을 가지고도 문자 텍스트를 꼼꼼하게 읽듯이 그 장면을 '보다 느리지만 깊이 있게' 읽을 수 있다. 그러다가 운이 좋으면, 그 작가의 시대정신까지 만날 수 있다. 그 작가의 다른 텍스트와 겹쳐 '보다 느리게' 읽으면 아마 더 풍부하고 깊이 있는 샘물을 발견하게 될지도 모른다.[50]

미래 사회의 경쟁력

2000년 무렵, 어느 봄날, 섬진강 매화가 보고 싶어 대전 구례 간 호남 고속도로를 시속 130킬로미터로 달린 적이 있었다. 조만간 매화 향기가 날 것 같아 마음이 조급해져 가속 페달을 더 힘껏 밟았다. 그 때, 뒷좌석에 앉은 누군가가 말했다. "심 선생, 좀 천천히 가." 나는 그가 너무 빨리 달려서 무섭다고 할 줄 알았다. 그런데 뜻밖의 말이 들려왔다. "길가에 핀 들꽃이 안 보이잖아." 순간 차 안에 침묵이 흘렀다. '들꽃이 안 보인다니.' 그 때 난생 처음으로 '내 마음'에 브레이크를 달았다. 그리고 길가에 핀 들꽃 같은 온작품을 손에 쥐고 천천히 읽기 시작했다.

> "요즘 사람들은 더 빨리 성장하려고 더 빨리 움직이고 한발 앞서지 않으면 금방 사라진다고 한다. 세상을 읽는 것은 그것을 읽는 사람의 태도에 달려 있다. 속도는 그것을 재는 사람의 속도에 따라 빨라지기도 하고 느려지기도 한다. 관찰을 깊게 하면 이면이 보인다. 손가락을 그린다고 손가락만 보면 제대로 못 그린다. 손가락 사이의 허공도 그려야 비로소 손가락의 의미가 드러난다. '손가락'이라는 활자의 의미를 넘어서야 이면까지 보인다. 눈 밝은 사람들은 '이럴 때일수록 세상을 느긋하게 읽으라.'고 권한다. 일상의 리듬을 조율하면서 단순하고 느리게 사는 것이 오히려 풍요롭게 사는 지름길이라고 한다."[51]

목표 지점이나 속도만이 중요해서 급하게 물살을 휘 저어가면 강물 위의 작은 나무, 섬 위에 핀 꽃, 하늘 위의 뭉게구름, 물살이 햇빛에 반짝이는 색깔을 볼 수 없다. 남들보다 빠른 것이 경쟁력이 되는 시대는 이제 지나갔다. 나만이 볼 수 있는 것, 그것을 나만의 방식으로 즐길 수 있는 것이 미래 우리 아이들이 갖춰야 하는 경쟁력이다.

2부
온작품 깊이 읽기

망원경으로 보기와
현미경으로 보기
- 분석적 독해와 종합적 독해 -

프렉탈 읽기

다음 그림은 러시아의 전통인형 '마트료시카'이다. 반으로 열리는 목각 인형 속에 똑같이 생긴 작은 인형이 연속석으로 나와서 아이 어른 모두 매우 흥미로워한다. 그 아래의 그림은 눈의 결정을 어떤 모양으로 표현할 수 있는지 전체 모양을 같은 모양의 조각으로 점점 작게 세분화하고 있는 그림이다. 이 두 그림은 모두 '프렉탈 구조'이다. 프렉탈^{fractal} 구조란 작은 구조가 전체 구조와 같은 형태로 끝없이 되풀이 되는 것을 말한다. 즉 어느 부분이나 단면을 잘라 보아도 전체의 구조를 볼 수 있다. 이는 미시적으로도 완벽하다는 'perfect'로서의 의미를 내포한다. 즉, 프렉탈은 부분 그대로 독립적이고 독자적인 의미를 가지고 있다.

온작품 읽기는 텍스트를 프렉탈과 같이 미시적으로 읽는 과정이 기

상 | 러시아 전통인형 '마트료시카(Matryoshka)'
하 | 프렉탈(fractal) 구조

반이 되어야 한다. 이때 미시적으로 읽는다는 것은 경주마와 같이 나무만 보는 편향적 읽기를 말하는 것이 아니다. 부분의 어느 단면을 잘라 보아도 전체의 구조를 볼 수 있는 것과 같이 분석적 독해는 텍스트를 치열하게 파고들어가 그 자체로서도 하나의 형태를 이룬다. 그리하여 완벽해진 부분은 하나의 독자성을 띄게 되고 전체와의 관계를 맺는다.

다음 그림책은 일곱 마리의 눈먼 생쥐들이 어느 날 정체 모를 거대한 물체를 만나면서 시작된다. 생쥐들은 날마다 그 물체를 부분적으로 탐구하면서 끝내 그것이 코끼리라는 것을 깨닫게 된다. 이 과정은 마치 학생들이 온작품 읽기 수업 속에서 하나의 작품을 읽는 과정과 같다.

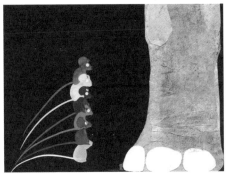

에드 영, 『일곱 마리 눈먼 생쥐』, 시공주니어, 2017년.

만약 작은 덩치의 생쥐들에게 자신들의 몸짓의 몇 십 배나 되는 코끼리를 한 번에 묘사하라고 한다면 생쥐들은 할 수 있었을까? 생쥐들이 코끼리를 알 수 있었던 것은 날마다 그 거대한 물체의 정체가 무엇인지 다리를 붙들고, 꼬리를 만지고, 귀를 살펴보며 분석했기 때문이다.

우리의 읽기도 이와 같다. 생쥐와 같이 부분을 그것 자체로 완벽하고 분석적으로 읽어내는 '프렉탈 읽기'는 단단한 벽돌을 아귀에 딱 맞게 끼워 넣는 것 같이 읽기의 역량을 더욱 견고하게 만든다. 벽돌쌓기와 같이 귀와 다리, 꼬리를 자세하게 묘사한 뒤, 그것들을 전체적으로 다시 종합할 수 있는 힘을 길러주는 것이 온작품 읽기의 방법이자 과정이다.

분석적 독해와 종합적 독해의 관계

분석과 종합은 분리된 것이 아니라 상호적인 것이다. 마찬가지로 텍스트를 읽는다는 것은 분석과 종합의 통합이다. 분석 없이 텍스트에 대한 전체적 이해는 없고, 통합의 근거 없이 분석은 설 자리를 잃는다. 분석적 읽기는 독해의 기본이다. 글을 단어와 문장, 문단에 대한 현미경적 접근 없이 순간적으로 전체를 조망하는 망원경적 접근이 가능할 것이라고 보는 것은 학생 발달에 대한 과도한 기대이면서 망상이다.

다시 코끼리의 이야기로 돌아가 보자. 학생은 코끼리의 한 부분을 분석적으로 탐구하며 하나의 전체상을 그리게 된다. 분석적 독해의 과정에 종합적 독해가 작동하는 것이다. 분석이 쌓여 총체가 되는 것이 아니라 분석의 과정 그 자체가 온전한 전체가 된다. 우리는 누구나 한 부분을 전체로 접근하면서 동시에 전체와의 관계를 상상하고 추리하게 된다. 여러 부분을 분석적으로 탐구하고 추론하며 상상하는 과정을 중첩시켜나가며 드디어 코끼리라는 전체를 만나게 되는 것이다. 그러나 학생이 만나는 전체는 또 하나의 부분이다. 학생은 텍스트에 대한 촘촘한 분석과 종합의 과정을 통해 글에 대한 총체적 느낌을 갖게 되고, 이를 자신의 경험과 새로운 해석을 보태어 자기만의 예술작품을 만든다.

그렇다면 교사는 학생들의 분석적 독해와 종합적 독해를 위해 무엇을 도와주어야 할까?

첫째, 부분이 하나의 전체를 이루도록 보살펴 주어야 한다. 즉, 분석적 독해가 전체적 독해가 될 수 있도록 충분히 이해하며 읽어야 한다. 다리 하나, 팔 하나하나의 독자적 가치를 가지려면 분석적 독해가 제대로 이루어져야 한다. 분석적 독해가 하나의 상을 가지게 될 때 분석다운 분석이 된다고 할 수 있다.

둘째, 팔과 다리가 어느 순간 전체와의 관계 속에서 의미를 갖도록 해야 한다. 지속적으로 전체와의 관계 속에서 부분이 새롭게 해석되는 것이다. 분석적 독해는 자기가 만들어가는 퍼즐놀이다. 그것은 하나의 피스를 만들면서 전체를 짐작하고 추측해 보는 놀이이다.

셋째, 부분들의 관계 맺음을 통해 전체의 얼개를 그린 후, 마지막 순간에 전체 속에서 부분이 재해석된다. 몇 개의 부분들이 새롭게 결합되어 마침내 새로운 총체를 형성하게 되는 것이다.

분석적 독해는 문학적 감상에 방해가 된다?

문학 감상 시 분석적 독해에 대한 두 가지 입장이 있다.

하나는 '분석은 문학의 감상을 방해한다.'는 것이고, 다른 하나는 '분석을 통해 문학감상은 더 풍요로워진다.' 는 것이다. 어떤 입장이 더 적절하고 타당할까? '분석은 문학의 감상을 방해한다.'는 주장은 주로 문학 독서를 좋아하는 사람, 온책 읽기를 열정적으로 실천해온 교사들이 이 입장에 서 있다. 이들은 주입식 수업과 문제풀이 시험의 경험을 들어 분석적 독해는 위험하고, 문학 감상을 위해서는 교사위주의 분석을 하면 안 된다고 주장한다.

'분석을 통해 문학 감상은 더 풍요로워진다.'는 주장은 분석의 내실이 중요하지, 분석적 독해 자체가 감상을 방해하는 것은 아니라고 말한다. 분석적 독해의 방식과 평가의 방식에 따라 텍스트 분석의 효용이 달라진다는 것이다. 텍스트의 분석적 독해는 텍스트의 가상세계화의 문턱을 넘어서고, 주인공이 되는 데 발판이 되어줄 수 있다. 하지만 제대로 된 분석적 독해가 이루어지지 않거나 정답을 고르는 시험의 강박이 보태어지면, 분석적 독해는 지겹고 고통스러운 과정으로 전락하고 만다.

분석적 독해가 감상을 풍요롭게 한다는 주장은 분석적 독해가 제대로 되지 않는 수업, 빠르고 정확하게 정답을 찾는 시험 문화 속에서 망가질 수 있지만 분석적 독해를 통해 가상 세계로의 진입과 몰입을 가능케 한다는 점에 주목한다면, 분석은 문학적 감상과 가치를 더욱 풍요롭게 한다. 분석 없는 문학적 감상은 자칫 주마간산走馬看山식 독해 문제에 처한다. 텍스트를 제대로 읽지 않고 통독하는 것은 자의적인 자기 생각을 표출하는 것에 불과할 수 있기 때문이다.

문학 감상이 제대로 되려면 정답 찾기의 분석적 강요도 위험하지만, 가상 세계에 진입하지도 못한 채 아무렇게나 문학적 감상을 해도 된다는 방임적 문학 감상법 또한 치명적이기는 마찬가지다.

나만의 코끼리 만들기

부분의 단순함으로 전체를 보는 시각은 'And-sum 지식관'이라고 할 수 있다. 'and'는 사물의 나열과 등위적인 연속성을 의미하여 그것들을 'sum', '합'한다는, 부분의 합은 전체라는 지식관이다. 반면 부분의 단순한 합이 전체가 아닐 수 있다고 보는 시각을 'Trans-sum 지식관'이라 한다. 'trans'는 전환, 바뀐다는 의미로 전환되면서 합을 이룬다는 의미와 동시에 합을 이룬 것이 그 전의 부분들이 아닌 'trans', 곧 다른 것이 된다는 의미로도 해석할 수 있다. 이는 독일의 심리학자 베르트하이머Wertheimer[1]의 형태 심리학에서 그 기원적 근거를 찾을 수 있다. 이러한 근거로 말미암아 온작품을 보는 방식을 재정립할 수 있다.

전체 코끼리를 봐야 한다는 '코끼리' 해석법은 부분을 보는 방식을 부정하며 분석적 독해와 종합적 독해를 양분화하고 있다. 코끼리를 보기 위해서는 분석적 독해와 종합적 독해가 조화를 이루는 균형 있는 시각을 갖추어야 한다. 부분을 제대로 이해하고 해석하는 일은 꽹장히 의미가 있다. 그 과정을 거치지 않고 전체를 단숨에 통찰할 수 있다고 생각하는 것은 위험한 생각이다. 조각 난 부분글을 잘 이해할 수 있는 방법을 가르쳐야 학생들은 최종적으로 종합적 읽기를 주도적으로 할 수 있게 된다. 학생은 코끼리를 조각내고 조각낸 코끼리를 신나게 만지고 탐구하다가 전체 코끼리를 만나게 된다. 학생들은 코끼리의 전체상을 충분히 감상하고 이해한 다음, 그 모습을 다시금 조각내고 편집하여 또 다른 '나만의 코끼리'를 만들어 낼 수 있다. 새로운 예술작품을 창안하는 역량을 키우는 것이다.

그때 코끼리는 이미 이전의 코끼리가 아니다. 분석적 독해의 과정을 차근차근 교사가 도와주이 종합적 독해로 나아갈 수 있도록 하는 능력은 더 멋진 온작품을 만들어내는 핵심 키워드가 될 것이다.

따로 또 같이, '함께' 읽기

공동성(共同性)을 추구하는 '함께' 읽기

'함께'는 서로 다른 개성을 가진 주체들이 공동의 목적을 향해 '따로 또 같이' 하는 것이다. '함께'라는 것은 주체의 차이를 전제하기 때문에 '공통성共通性'이 아니라 '공동성共同性'을 의미한다.[2] 공동성은 개인의 미약함으로 모이는 원시공동체패거리가 아니라 특정한 목적 달성을 위한 팀이라는 지향을 가진다. 그것은 생존을 위해 모이는 공동체와는 차별을 두어야 하며, 자신의 성장과 더불어 공동체의 성장을 함께 추구하는 교육적인 성장을 목표로 한다. 개인의 성장 없이는 공동체의 성장이 이루어질 수 없으며, 희생이나 열정만으로 이루어지는 공동체의 의미와는 구분된다. 즉, 함께하기가 가족주의나 전체주의적인 일체성一切性으로 해석되지 않도록 유의해야 한다.

'함께'와 '읽기'를 연결하면 어떤 의미가 될까? 함께 읽기는 서로 다른 읽기 능력과 선호를 가진 다양한 주체들이 동일한 텍스트를 읽고 다른 의견을 공유하며 다양성을 만들어 가는 읽기 방식이다. 읽기 능력이 비슷한 학생들끼리만 읽기를 학습하는 방식은 지양한다. 특히 초등 교실의 함께 읽기는 교사의 도움으로 읽고 서로의 차이를 발견하는 읽기 방식을 말한다. 동일한 텍스트로 읽기 활동을 하더라도 읽는 주체는 다른 생각과 읽기 경험을 도출할 수 있다는 것이다. 각자의 해석이 살아있는 읽기만이 함께 읽기의 정수精髓를 만들 수 있기 때문이다.

우리는 함께 읽기의 대조적인 개념으로 '혼자 읽기'를 이야기하곤 한다. 그러나 함께 읽기와 혼자 읽기는 상반된 개념이 아니다. 함께 읽기를 위해서는 혼자 읽는 고요한 시간이 필요하기 때문에 그것은 독립적인 개념이라기보다 연계적이고 관계적인 개념이라고 말하는 것이 더 타당하다. 함께 읽기와 혼자 읽기는 여러 사람이 읽는다는 단수와 복수의 단순한 개념만으로 그 의미를 구분 지을 수 없다.

우리가 작품을 '함께' 읽어야 하는 이유는 바흐친의 '다성성多聲性'[3]에서 그 근거를 찾을 수 있다. 그는 음악에서 사용하는 용어를 빌어 도스토예프스키의 작품에 나타난 다성성을 다음과 같이 소개한 바 있다.

"다성적 악곡은 오직 한 멜로디에 의해 지배되지만, 다성적 악곡은 대위법에 의해 하나 이상의 독립된 멜로디가 화성적으로 결합된 음악 형태를 가리킨다. (중략) 다성적 문학은 하나 이상의 다양한 의식이나 목소리들이 완전히 독립된 실체로서 존재하는 문학을 가리킨다. 이 경우 작중 인물은 단순히 작가에 의해 창조되는 수동적인 객체가 아니라, 어디까

지나 작가와 나란히 공존하는 능동적인 주체이다."

바흐친의 설명에 따르자면, 비록 우리가 '혼자 읽기'를 하더라도 다양한 의식을 지닌 독립된 '인격체들'과 대화를 주고받으며 '다성적 읽기'를 하고 있다는 것이다. 퍼트리샤 마이어 스팩스는 〈깊이 읽기의 기술, 리리딩(Re-reading)〉에서 한 공간에서 누군가와 함께 읽는 것만이 함께 읽기는 아니라고 말하고 있다. 함께 읽기는 작가의 의도를 읽고 작가와 대화를 나누는 상호 작용의 읽기이다. 또한 누군가의 추천이나 서평에 의해 그 텍스트를 읽게 됐다면, 그것은 혼자 읽기가 아니라 여러 사람과의 영향을 주고받는 공동의 읽기이기도 하다. 사적으로 알지 못하더라도 텍스트를 통하여 작가와 혹은 누군가와 공적인 관계를 맺게 되는 것이다. 텍스트와 작가와의 관계를 맺는 함께 읽기는 실제로 누군가와 대화를 나누며 성장하는 함께 읽기의 기반을 마련해 준다.

함께 읽기의 요소

'함께' 읽기는 'close', 'beside', 'together-lead'라는 요소로 이루어져 있다.

첫째, close는 '가까이'라는 뜻으로 시간적, 공간적으로 가까운 친밀한 관계를 의미함과 동시에 'close reading'이라는 '꼼꼼하게 읽기'로 해석된다. 우선, 친밀하고 가까운 의미의 'close'는 함께 읽기를 위해 필요한 요소이면서 동시에 결과적 의미이기도 하다. 텍스트를 함께 꾸준히 읽기 위해서는 좋은 관계가 필요한 반면에, 내가 생각한 것과 같은 생각을 했을 때에 동질감을 바탕으로 한 친밀하고 건강한 관계의 계기가 되기 때문이다. 또한, 꼼꼼히 읽는다는 'close'는 온작품 읽기 수업 속 핵심 요소이다. 그것은 온작품을 함께 읽고 이야기를 하는 과정을 통해 텍스트가 넓어지고 심화되는 경험의 기반이다. 온작품을 함께 읽기 위해서는 먼저, 개인적인 읽기 과정이 기초가 되어야 한다. 혼자서 텍스트를 정확하게 읽어야 다른 사람과 그것을 나누면서 양적으로 풍성해지고 질적으로 깊어지는 경험을 할 수 있다. 미처 내가 생각하지 못한 부분의 통찰은 내가 알고 있는 부분에서부터 기인되기 때문이다.

둘째, 'beside'는 '곁에서, 옆에서'의 뜻으로 교사의 역할과 연관 지어 해석할 수 있다. 수업 속에서 교사는 학생의 앞이나 위에 서곤 한다. 그러나 온작품을 함께 읽어 나가면서 교사가 가장 유념해야 할 것은 동일한 주체로서의 태도를 갖는 것이다. 교사도 학생들과 동등한 입장에서 작품 속으로 빠져들어야 하고 함께 공감해야 하는 것이다. 즉, 교사는 학생의 곁에서 함께 하고 학생의 읽기 세계를 지켜주어야 한다.

셋째, 'together-lead'는 '함께 끌고 가기'라고 해석할 수 있다. 온작품 읽기는 교사가 선장이 되어 주노적으로 이끌어가는 것이 아니라 학생과 교사가 함께 노를 젓고 이끌어간다는 의미인 것이다. 이는 누구 한 사람의 'Guide^{안내하여 데려가다, 인도하다}'가 아니다. 기존 국어 수업에서는 교사가 주도하여 이끄는 읽기가 주를 이루었다. 물론 읽기의 당사자는 학생이지만 교사가 읽기를 일방적으로 강제하는, 표면상 학생 읽기의 형태였다. 즉, 학생이 텍스트의 주체가 되지 못했다는 것이다. 비고츠키 ^{Vygotsky}를 비롯한 사회 구성주의자들은 'scaffolding[5]' 즉, 인지적 비계, 발판, 촉진의 중요성을 강조하였다. 그런 의미에서 읽기를 이끄는 역할은 중요하지만 어디까지나 '비계'는 발판을 지원한다는 의미에서 '주도'

하는 의미와는 구분해야 한다. 또한 그 주체와 객체의 역할은 교사가 학생의 발판이 되어주고, 학생이 서로의 발판이 되어주도록 하는 권한 이양의 과정으로 유연하게 이루어져야 한다.

학생들의 능력과 선호, 개성을 곁에서 지켜주면서 꼼꼼하게 읽는 개인의 읽기와 그것을 풍부하게 확장시키는 함께 읽기의 과정을 하며 수업 속에서 뭉근하게 맛의 깊이를 내고 있는 학교가 있다. 홍천여고의 사례가 바로 그렇다.

홍천여고의 '함께' 읽기의 도전

서현숙과 허보영 교사는 학생들의 읽기를 수업 속에서 꽃피우기 위해 '독서 동아리'를 조직하였다. 두 교사가 3년의 과정을 통해 성장시킨

서현숙, 허보영, 『독서동아리 100개면 학교가 바뀐다』, 학교도서관저널, 2019년

함께 읽는 홍천여고 독서 동아리의 성공요인은 바로 '3년'이라는 시간적 여유와 아래 오른쪽 그림의 세 가지 원으로 표현된 '세 바퀴' 시스템이다. 물론, 그 안에 다양한 성공 요인이 있겠지만 수많은 학교의 독서 동아리들 중에 확연한 차이를 보이는 지점은 단연 이 시스템이다.

〈1. 수업시간에 배우다 → 2. 선생님과 언니가 끌어주다 → 3. 친구들과 놀다〉의 순환체계는 교사에서 학생으로 권한의 이양이 이루어지는 과정을 3년이라는 시간을 통해 잘 보여주고 있다.

홍천여고의 독서 동아리는 책을 좋아하는 소수의 학생들로만 이루어지지 않는다. 참여 대상은 '모든' 학생이다. 먼저, 전교생이 수업시간에 함께 텍스트를 읽는다. 그 텍스트는 물론, 종이 텍스트인 책에만 한정되진 않는다. 그렇지만 기본적으로 책을 기준으로 한 권을 함께 읽고 독서토론을 한다. 우선 모둠에서 책을 선정한다. 물론 책 선정 과정에서도 교사들이 개입하고 학생들과 함께 의견을 나누면서 목록을 작성하여 선택한 책 목록이 내년에도 활용될 수 있는 지속 가능성을 고려하였다. 책을 읽고 학생들은 각자 개인의견 정리지를 작성한다. 그리고 자신이 만든 개인의견 정리지를 가지고 와서 모둠별로 독서토론을 위한 질문을 만든다. 그리고 선정된 질문에 대한 답을 개인 글쓰기로 작성한다. 글쓰기를 한 내용을 보고 모둠별 독서토론을 하여 그 결과를 다시 보고서로 정리하고 제출한다. 이 활동이 국어 수업시간에 지속적으로 순환되는 것이다.

이 활동에서 주목할 점은 책을 읽고 나누고 싶은 주제(질문 형식)를 함께 고민한다는 것이다. 질문을 만드는 과정과 질문의 유형을 학습하는 것이 1학년 국어시간 내내 반복적으로 이루어져서 2학년 때에는 자신이 1학년의 독서토론을 안내하는 '멘토'로서의 역할을 할 수 있다. 또한 이 활동의 핵심은 글쓰기 과정이 활동 중간마다 살아있다는 것이다. 그저 이야기만 나누는 것이 아니라 한 문장을 친구들과 나눈 이야기로 덧붙여서 하나의 글로 확장시키는 과정적 글쓰기를 학습하게 되는 것이다. 이는 함께 읽기가 함께 쓰기로 전환되는 온작품 읽기 수업의 이상적인 목표이자, 가치이다. 1년이라는 시간동안 이러한 활동을 반복적으로 한 학생들은 2,3학년이 되면서 보다 다채로운 독서 동아리 활동을 주도적으로 이끌게 되며, 독서토론카페, 지역연합 독서토론 파티, 함께 읽기 사진, ucc공모전과 같은 다양한 텍스트로의 전환을 경험하여 자연스럽게 다매체시대의 주인공으로 성장하게 되는 것이다.

'함께 읽기' 프로토콜

충북교육청과 청주교육대학교에서는 충북 지역의 초,중,고 교사들을 대상으로 '전문적 학습 공동체 리더십 역량 강화 연수'[6]를 해마다 진행하고 있다. 이 연수에서는 전문적 학습 공동체의 리더를 양성하고 역량을 신장시키기 위해 몇 개의 분과를 구성하였다. 그 중 '책 읽기' 분과에서는 교사들의 함께 읽기의 프로토콜을 제시한 바 있다. 사노요코의 〈백만 번 산 고양이〉와 찰스 두히그의 〈습관의 힘〉으로 전문적 학습 공동체에서 교사들과 함께 읽기를 할 때에 필요한 절차와 과정을 연수과정에서 직접 경험하였다.

그 중에서 2019년 연수에서 〈백만 번 산 고양이〉로 함께 읽기를 한 과정을 소개하겠다. 〈백만 번 산 고양이〉는 자기중심적 사랑을 하는 인

좌 | 사노요코, 「100만 번 산 고양이」, 비룡소, 2002년
우 | 찰스 두히그, 「습관의 힘」, 갤리온, 2012년

간 주인들로 인해 행복하지 않은 고양이가 완전히 죽지 못하고 백만 번 죽고 다시 살아나는 이야기이다. 백만 번 죽고 백만 번 사는 고양이는 사랑에 빠지게 되고, 그제야 삶의 의미를 찾아서 자신의 삶의 주인공이 된다. 그리고 마침내 진정한 삶을 살고 그 진정한 삶이 죽음으로 이어지게 된다. 결국 삶의 영속성永續性이 아닌, 삶의 진정한 의미는 삶과 죽음의 연속성連續性이어야 한다는 삶과 죽음의 철학적인 질문을 던지는 책이다.

먼저, 이 책을 교사들은 연수 시간에 각자 조용히 읽고 인상 깊은 곳이나 의문이 나는 구절을 포스트잇을 이용해서 적었다. 연수를 구성한 청주교육대학교 심영택 교수는 이러한 부분을 '덜컹거림'이라고 말하였다. 각자 책을 읽으면서 마음에 울림이 느껴졌던 부분, 덜컹거렸던 부분을 그대로 모둠의 사람들과 나누었다. 처음에는 그냥 읽기만 하였으며 그 다음에는 자신에게 없었던 부분을 다시 읽어나갔다. 그 다음에야

2019년 전문적학습공동체 리더역량 강화연수 '책 읽기'분과 연수 중 책을 읽고 모둠의 해석을 정리하는 장면

자신이 왜 그 구절을 택했는지, 분석적, 해석적 읽기를 하였다.

그리고 모둠의 의견을 모아서 함께 읽은 부분을 다시 기록하여 전체 분과에서 공유하였다. 이러한 과정적인 절차를 '함께 읽기 프로토콜'이라고 명명하였다.

그 내용은 다음과 같다. 그림책은 그림이 주[±]를 이루는 텍스트이기 때문에 교사들은 그림과 글 텍스트에 함의된 내용을 쉽게 지나치며 읽

〈읽기 프로토콜 내용〉

1. 텍스트를 혼자 조용히 읽는다.
2. 읽으면서 '덜컹거리는' 부분에 포스트잇을 붙여 놓는다.
3. 포스트잇을 붙여놨던 부분을 다시 읽어보면서 그 구절을 옮겨 적는다.
4. 모둠원들과 자신이 적은 부분을 돌아가면서 읽어본다.
(이때, 그 이유나 분석, 해석은 하지 않는다.)
5. 자신이 왜 그 구절에 덜컹거림을 느꼈는지 이유에 대해 이야기 한다.
6. 서로의 구절에 대해서 분석, 해석해 본다.

는다. 그렇기 때문에 그림책 텍스트도 누군가와 함께 읽으면 깊이 읽는 경험을 할 수 있고, 작가와 텍스트가 조용히 만나는 과정과 이야기를 나누며 읽는 과정이 연계되는 함께 읽기를 하게 된다.

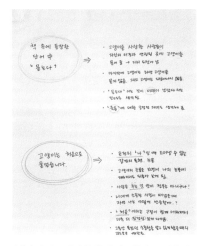

<백만 번 산 고양이>를 함께 읽고 책 속 구절에 대한 분석적, 해석적 읽기를 정리한 결과

교사들의 이야기가 모인 기록 중 일부를 살펴보겠다. 이 모둠의 교사들은 '묻는다'라는 낱말을 가지고 이야기를 깊이 나누었다. 고양이가 백만 번 죽었을 때, 인간 주인들은 땅 속에 고양이를 묻었다. 이러한 행위는 인간 자신의 터전이나 생활지 중심에 고양이를 묻음으로써 죽었음에도 고양이를 해방시켜주지 않고, 계속하여 자신의 영역 안에서 소유하고자 하는 욕망을 의미한다고 해석하였다. 반면, 마지막 장면에서 고양이는 먼저 죽은 사랑하는 하얀 고양이를 묻지 않았다. 그리고 드디어 다시 태어나지 않게 되었다. 묻지 않음으로써 세속으로부터 해방되고 자유로울 수 있다는 의미에까지 이야기를 나누었다. 이와 유사한 의미로 '울었다'라는 것 또한 누군가에게 소속된 고양이가 아니라, 온전한 '나'로서의 주체, 주인이 되었다는 의미로 해석하였다. 사랑과 슬픔이라는 추상적인 개념은 눈물과 울음이라는 구체적인 행위를 통하여 표현될 수 있고, 나의 감정 또한 내 것이며, 이는 내 인생의 주인으로서의 주체성을 나타내고 있다는 것이다.

교사들이 함께 읽기 결과로 나눈 이야기들은 이렇게 깊이 있는 작품의 해석에까지 나아가게 하였다. 이 과정은 최종적으로 개인의 글쓰기로 이어져야 하고, 그 글은 공유되어 다시 함께 읽어야 한다. 이러한 연수 과정은 성인들의 책모임에 머물러선 안 된다.

홍천여고의 사례와 같이 이러한 교사들의 함께 읽기 경험은 학생들의 수업 안으로 깊숙이 들어가야 하고, 함께 읽은 결과는 하나의 글로 치환되어 온작품 함께 읽기가 학생들의 읽기 경험을 더욱 심화·증폭시킬 수 있어야 한다.

따로 또 같이하는 읽기의 순환과정

앞선 홍천여고와 청주교대의 연수 사례에서도 볼 수 있듯이, 함께 읽기 과정은 단기간에 완성될 수 없다. 긴 호흡이 필요하고, 각 교사 개인의 경험이 살아있는 공동의 작업이어야 한다. 자유롭게 개인이 읽는 과정과 함께 읽는 과정이 연결되고 해체되면서 융합되고 또 독립되어야 한다.

흔히 함께 읽기를 하면서 '집단지성'의 강점을 이야기한다. 그러나 집단지성은 구성원들이 그 분야나 주제에 대한 전문적 지식이 부족하거나 담론을 풀어나갈 역량이 충분하지 못한 경우에는 오히려 역효과를 초래할 가능성이 있다. 자칫 잘못하면 집단적인 논의 과정이나 의사결정 방식에서 마땅히 존중받아야 할 개인의 소중한 주장이나 의견이 사장死藏되기도 한다.

퍼트리샤 마이어 스펙스는 〈깊이 읽기의 기술, 리리딩Re-reading〉[7] 에서 텍스트를 제대로 이해하지 못한 채, 함께 읽고 이야기를 나누는 것에 대하여 세심한 주의를 기울여야 한다고 충고한다. 즉, 집단지성이 아닌, 집단사고[8]의 위험성이다. 그래서 함께 읽는 텍스트를 제대로 읽고 이해하는 과정이 수반되어야 하며 이러한 과정이 순환적으로 연계되어야 함을 의미한다.

사이토다카시는 〈독서력〉[9]이란 책에서 자신이 읽은 내용을 다른 누군가에게 설명할 수 있을 때, 그것이 잘 읽었다라고 말할 수 있는 것이라 하였다. 내적으로 묵독한 것은 읽었다는 느낌을 줄 수 있지만 그것을 말로 표현하여 정리할 때만이 내용이 구조화되어 기억에 각인될 수 있다. 이렇게 이야기하는 형태는 줄거리를 말하는 것도 좋지만 작가의 말을 그대로 인용하면서 이야기하는 방법이 더 좋다. 그랬을 때에 대화의 무게가 더해지고 생생하게 활기를 띠게 된다고 하였다. 또한 이렇게 자신이 읽은 텍스트에 대해 자유롭게 이야기를 주고받고 머릿속에 새길 수 있도록 나눌 수 있는 사람은 '친구'라고 부르기에 충분할 것이다.

우리는 누구와 어떤 이야기를 나누는가? 함께 읽고 함께 이야기를 나누며 다시 나와의 대화로 오롯이 돌아올 수 있는 삶의 유연함과 깊이를 가지고 있는가? 함께 읽기는 깊이 읽기이고, 깊이 있는 대화이며 만남이다. 그러한 만남이 읽기의 정수精髓를 경험하게 해준다. 나와 너, 그리고 우리 아이들이 그 만남과 대화의 대상이자 친구와 동반자가 될 수 있길 바란다.

'글밥'과 '그림밥'을
맛있게 먹자

'글밥장'에 일기쓰기

'앞으로 ~지 않겠습니다.', 혹은 '참 즐거웠습니다.'와 같은 일기쓰기는
소중하고 특별한 경험조차 그저 그런 일상으로 흘려보내 버린다. 그래
서 학생들의 경험을 좀 더 특별하게 만들어 주고자 학교생활이나 일상
생활의 경험을 '글밥장'이라고 이름 붙인 공책에 시나 만화, 줄글 등으
로 표현하도록 한 적이 있었다. '글밥장'이라는 이름은 학생들의 글이
늘 먹는 '밥'이 되었으면 하는 어느 선배 교사의 아이디어였다.

어떤 아이는 '오늘의 일기'를 쓰면서 자신의 교실 상황을 마을 공동
체로 바꾸고 그날 일어난 사건을 이야기로 꾸민 뒤 행복하게 잘 살았
다고 끝맺었다. 2015년, 이런 아이들의 꿈이 자라나는 소리가 들리는
듯해서 아이들의 '글밥'을 모아서 학급 문집 〈꿈틀 꿈틀〉을 만들었다.

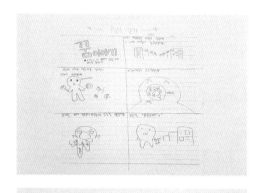

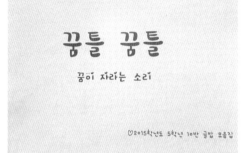

그림밥과 글밥을 맛있게 먹으려면

현대의 식생활이 변화되었다고 해도 여전히 우리 식탁의 터줏대감은 '밥'이다. 밥은 탄수화물로 구성되어 있어 우리 몸의 주 에너지원으로 쓰인다. 요즈음, 마른 몸이 미美의 기준이 되어 탄수화물이 공공의 적이 되고 있지만, 탄수화물을 적절하게 섭취하는 것은 건강한 삶의 질에 매우 중요하다. 그렇지만 밥만 먹는 사람은 없다. 밥은 무색무취無色無臭하기 때문이다. 여기에서 말하는 무색무취란 실제로 색을 가지지 않았다는 물리적인 설명이 아니다. 밥의 '이미지'를 의미한다. 밥은 자극적이지 않고 덤덤한 맛과 멋을 낸다. 그렇지만 밥을 가만히 씹어보면 고소하고 단맛을 느낄 수 있고 어느 반찬과도 어우러지며 짜고 강한 맛을 중화시켜준다. 그런 밥을 맛있고 건강하게 먹으려면 무엇이 필요할까? 밥이 우리의 삶의 질에 좋은 영향을 미치게 하기 위해서는 밥이 맛있을 수 있도록 건강한 몸을 만들어야 한다. 아프거나 몸이 미약하면 '입맛'이 떨어지기 때문이다. 또 나를 위해 위생과 정성, 실력을 갖춘 요리사가 필요하다. 마지막으로 맛있고 멋있게 차려진 음식을 즐겁게 나눌 소중한 '너'가 필요하다.

우리가 텍스트를 읽는 행위는 실상 밥을 먹는 행위와 같이 일상적으로 일어난다. 물론 밥 먹기와 책 읽기는 본능과 이성이라는 점에서 큰 차이를 갖는다. 밥은 생존을 위해 본능적으로 노력과 힘을 들이지 않아도 먹을 수 있는 반면, 글을 읽는 행위는 지난한 시간과 노력, 능력을 갖춰야 가능하기 때문이다. 그렇지만 좋은 밥, 건강한 영양을 섭취하기 위해서는 영양분을 섭취할 수 있는 건강한 몸과 좋은 재료를 갖추는 노력이 필요하다는 점에서 밥을 먹듯 텍스트를 즐기는 과정은 필요하다.

최근에는 '1인 시대'가 되면서 편의점 인스턴트로 대충 끼니를 때우며 먹는 사람이 있는가 하면, 날씬한 몸을 만든다고 먹은 걸 억지로 토해내는 사람도 있다. 혼자서 티비나 핸드폰을 보면서 밥을 먹는 사람들도 부지기수다. 읽기도 그렇다. 누군가에게 보여주기 위해 소화하지 못하는 두꺼운 책을 들고 다니거나 가벼운 에세이만 고집하는 사람들, 게임이나 유튜브에 중독된 사람들, 읽는 방법을 배우지 못한 채 책만 덩그러니 들고 고민하는 사람들 등. 그렇다면 교사는 맛있는 밥이 건강한 몸을 만들어주듯, 좋은 텍스트가 학생들의 건강한 읽기 습관을 만들어주기 위해 무엇을 도와주어야 할까?

첫째, '시장이 반찬이다'라는 말이 있다. 밥이 맛있으려면 시장이 반찬이 되도록 충분히 놀고 활동해야 한다. 식사 전에 충분한 놀이와 운동, 일이 필요하다. '밥이 달고, 밥이 깊으려면' 충분히 일하고 놀아야만 한다. 읽기도 그렇다. 하나의 텍스트를 잘 읽어내기 위해서는 읽기를 위한 충분한 준비과정이 필요하다. 무기력한 하루를 보낸 자에겐 음식이 그저 생계를 위한 수단이듯, 읽기에 대해 아무런 준비가 되어 있지 않은 자들에게는 아무리 좋은 텍스트도 그저 검은 글자에 불과하다.

둘째, 맛있는 음식을 위해서는 정성과 능력을 가진 요리사가 필요하듯, 건강한 읽기 능력을 향상시키기 위해서는 좋은 텍스트가 필요하다. 저자의 주장과 근거가 명확하고 신뢰할만한 자료로 이루어진 논리적 체계성을 갖춘 텍스트, 학생들의 경험에 근접하고 감수성을 갖추고 있는 텍스트를 선정해야 한다. 그것을 학생 개인 격차를 인정하고 존중하여 잘 읽을 수 있도록 풍성한 이야기로 전달하는 사람의 역할이 결정적이다. 건강한 학습자로 성장하기 위해서는 그러한 역할을 해 주는 부모와 교사가 필요하다.

셋째, 소중한 너와 소소한 이야기를 나누며 함께 먹을 때 음식은 그 맛을 자아낸다. 이것이 바로 음식의 화룡점정이듯이 좋은 텍스트도 나를 지켜주고 도와주는 편안한 사람과 함께 나누었을 때 효과는 배가 된다. 읽는 행위 자체는 혼자서 하는 것이라고 생각하지만, '함께 읽기'는 자신이 올라가지 못하는 경지에 이르도록 하며 나의 생각을 더욱 풍성하게 해주는 사다리가 되어 준다.

온작품 읽기로 글밥이 많은 책을 사용하기 전, 학생들의 인지 장벽에 보다 수월하게 접근하기 위하여 그림책을 활용하기도 한다. '보기'는 '읽기'에 비하여 인지장벽이 낮고 접근성이 좋다. 그렇기 때문에 좋은 그림 보기를 반복해서 보면 처음엔 보지 못했던 것을 발견하게 된다. 부모와 교사에게는 그것을 함께 반복해서 보면서 이야기를 나누는 여유가 필요하다. 교사는 그림책을 보면서 학생들이 재미있게 읽는 부분과 중요한 의미를 전달하는 부분을 멈추어 보여주고 새로운 의미를 추가, 첨가하여 세계를 보태고 확장해야 한다. 그림책은 아이들이 보는 '쉬운 책'이 아니다. 학년 수준이 명확히 정해져 있다고 말하기도 어렵다. 교실에서의 그림책은 어렸을 때에 부모님이 무릎에 앉혀주며 읽어주던 놀이의 수단, 관계의 도구를 넘어선다. 교사가 그림책을 수업 시간에 학생들과 '함께 읽는다'는 것은 이를 학습의 도구로 활용해야 함을 의미한다.

요즈음 학생들은 디지털 원주민이라는 말로 불리는 '영상 세대'이다. 이러한 영상 세대는 '읽기'보다는 '보기'에 더 적절한 몸과 머리의 구조를 가지고 있다. 그림책은 보기가 편한 영상세대에게 훨씬 다가가기 좋은 학습도구이다. 그림책은 그림을 보면서 접근하기 때문이다. 그림책을 제대로 읽는다는 것은 그림을 훑어 읽는 듯한 '보기'에서 나아가 그림을 깊이 '읽는다'는 의미이다.

온작품이라고 말할 때에 '작품'은 글과 그림, 영상, 사진 등을 모두 포괄하기 때문에 그림책 또한 그 자체로 충분한 하나의 작품이라고 말할 수 있다. 좋은 사람과 맛있는 '밥'을 적당히 꼭꼭 씹어 먹었을 때 몸의 양식이 되는 것처럼 글과 그림도 제대로 깊이 읽었을 때에 '글밥'으로, '그림밥'으로서 우리의 삶을 풍성하게 해준다.

그림책에 차려진 '그림밥'

동화책에 '글밥'이 있다면, 그림책에는 '그림밥'이 있다. 아니, '글밥'보다 색깔도 다채롭고, 맛도 더 다양한, 그런 다색다미^{多色多味}한 '그림밥'이 우리 아이들의 영혼을 위해 그림책에 가지런히, 그리고 풍성하게 차려져 있다.

어린 시절, 그림 텍스트를 많이 접한 아이일수록, 문자 텍스트에도 친밀감을 갖게 된다고 한다. 또 아이들이 처음으로 글자를 학습하는 단계에서도 글자를 하나의 그림으로 인식하여 덩어리째 배우게 된다고 한다.[10] 그림 텍스트는 이처럼 아이들에게 정서적으로 학습적으로 큰 영향을 미친다.

현대에는 텍스트의 범위를 책이라는 인쇄물에 한정짓지 않고 그림이나 영상, 사진 등으로 확장해 나가고, 그것을 제대로 읽어 내는 능력도 점차 더 중요하게 부각되고 있다. 이차숙(2012)[11]에 의하면, 현대는 이러한 다중양식 텍스트로 의미를 전달하기 때문에 그림 텍스트가 문자 텍스트와 대등한 위상과 자격을 지니게 되었다고 한다. 글을 읽는 능력을 '문식성^{literacy}'[12]이라 하고, 그림을 읽는 능력을 '시각적 문식성^{visual literacy}'이라 함은 달라진 그림 텍스트의 위상을 단적으로 보여 주는 예이다.[13]

오늘날, 텍스트의 범위와 한계는 점점 더 넓어지고 다양해지고 있다. 또 영상 세대는 '읽기'의 범주를 더 이상 인쇄매체나 문자에 국한 짓지 않는다. 따라서 문자 텍스트만을 강조하거나 강요하는 읽기는 다분히 시대착오적인 접근법이다. '그림밥'이 풍성히 차려진 그림책은 아이들의 사고력을 유연하게 하며, 문학적 상상력을 더 확장시켜 주고, 작가의 창작 과정에도 참여하도록 유도하는 그런 다중적인 성격과 기능도 담지擔持하고 있다.

'글밥'과 '그림밥'의 관계

그림책이 등장하기 이전, 책 속의 그림은 삽화揷畵, 말 그대로 글의 내용을 보충하거나 이해를 돕기 위해 끼어드는, 그런 보조적 역할을 할 뿐이었다. 삽화의 수준이나 질 또한 글의 상황이나 맥락을 잘 묘사했는지 여부에 달려 있었다. 그런데 그림책이 등장하면서 글과 그림은 상하위 관계나 주종 관계로 구분 짓기가 어려워졌다. 둘의 관계는 서로를 보완하거나 강화하는 형태로 발전해 나갔다. 심지어 그 관계가 역전되는 현상도 나타난다.[14]

안영길(2014)[15]은 이러한 글과 그림의 관계를 매우 역동적이라고 설명하면서 글이 그림의 내용을 보충하거나 그림이 글의 내용을 보충하기도 한다고 하였다. 또한 글과 그림이 서로 완전히 다른 이야기를 하면서 결국엔 변증법적 이야기 구조로 통합되기도 한다고 하였다.

예를 들면, 앤서니브라운의 〈나와 너〉에서는 화려하고 따뜻한 색감을 가진 부유한 중산층 가족과 회색빛 빈민가에 사는 가난한 소녀의 이야기를 색상과 페이지를 이용하여 분리하고 대비시키면서 이야기를 전개해 나가고 있다. 그러다가 결국, 회색빛 색상과 따뜻한 색상이 점점 교차되고 통합되면서 '나'에서 '너', 그리고 '우리'란 무엇인지, 관계 맺기에 대한 질문을 던지며 이야기를 마무리하고 있다.

이러한 글과 그림의 관계는 다양한 색상과 구도로 리드미컬하게 구

앤서니 브라운, 「나와 너」, 웅진주니어, 2010년

성되어 있어, 읽을 때마다 완전히 새로운 이야기가 독자에 의해 탄생되기도 한다. 대표적인 그림책 작가가 '이보나 흐미엘리프스카'이다. 그녀의 그림책은 구체적인 사물을 통하여 독자가 상상력을 발휘할 수 있도록 글과 그림을 배치한다.

〈문제가 생겼어요!〉는 오른쪽 그림과 같이 엄마가 아끼는 할머니의 하얀 레이스 식탁보를 '내'가 다림질을 하다가 태워 먹는 장면부터 시작한다. 그리고 고민한다. '세제로 빨아볼까?', '동생이 장난쳤다고 할까?' 그러다가 오른쪽 그림과 같이 '올빼미'로 익살스럽게 표현한다. 전체 이야기는 이러한 노란색 다리미 자국을 세제통, 모자를 쓴 동생의 얼굴, 창문, 컴퓨터 마우스 등으로 익살스럽게 표현하면서 전개된다. 핑계거리를 읽는 재미도 있지만, 엄마에게 혼이 날까 봐, 조마조마해하는 마음이 따뜻하게 잘 표현되어 있다. 아마 어떤 독자는 다리미 자

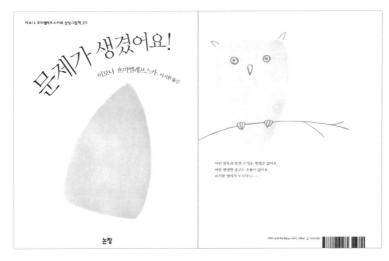

이보나 흐미엘레프스카, 『문제가 생겼어요!』, 논장, 2010년

국으로 무엇을 또 표현할 수 있을까, 상상하면서 일상생활 속에서 우연한 자국으로 표현할 수 있는 것들을 찾아 직접 그려 볼지도 모르겠다.

이처럼 그림책은 그림이 글보다 상징적이거나 그림보다 글이 상징적일 때도 있다. 때로는 작가가 그림으로 독자와 수수께끼 놀이를 하자고 슬며시 제안하기도 한다. 앤서니브라운의 〈돼지책〉은 주제가 글뿐만 아니라, 그림 속에도 숨겨져 있다.

우선, 왼쪽 표지 그림에 가족들의 모습이 그려져 있다. 그런데 이상하다. 등에 업힌 사람들은 모두 활짝 웃고 있지만, 정작 엄마의 표정은 우울하다. 오른쪽 그림에 이 수수께끼를 푸는 열쇠가 있다. 누군가의 손이 돼지 발 모양이다. 작가는 그림책 곳곳에 엄마만 부려 먹는 아버지와 두 아들을 게으른 돼지로 점점 변해져 가는 모습으로 그려 놓고, 독자와 숨바꼭질 놀이를 하고 있다.

앤서니 브라운, 『돼지책』, 웅진주니어, 2001년

이러한 읽기 놀이는 텍스트를 읽듯이 천천히 그리고 차분히 그림을 들여다보아야 제대로 즐길 수 있다. 그런데, 그림책을 읽어 줄 때, 성인들은 이야기 흐름이나 내용에 주목하지만, 아이들은 그림에 더 주목한다고 한다.[16] 그래서 그림책 속의 장치나 상징물을 성인 독자보다 훨씬 잘 찾아내는 경향이 있다고 한다. 말하자면 아이들은 귀로는 글을 '듣고', 눈으로 그림을 '읽는다.'는 것이다.

새로운 차림의 그림밥

한편, 최근에 등장한 새로운 형식은 그림책에 대한 기존의 고정관념을 완전히 뒤집어 놓았다. 어떤 작가는 글만 제시하고, 독자로 하여금 그림을 그리게 하는 그림책 형식을 제시했다. 또 어떤 작가는 그림만 제시하고, 독자로 하여금 글을 쓰게 하는 그림책 형식을 제시했다.

B.J. 노박의 〈그림 없는 책〉은 작가가 규칙을 정하고 독자가 그 규칙을 놀이 형식으로 따라해 보도록 하는 형식으로 구성되어 있다. 오른쪽 그림과 같이 작가는 글씨의 크기와 굵기, 배치를 변형시키며 글씨를 하나의 그림과 같이 구성하였다. 이 책을 읽어주는 어른을 우스꽝스럽게 만드는 것이 목적이라는 작가의 말이 아이들의 웃음을 터뜨리게 만든다. 작가는 독자가 마치 앞에 있는 듯, 말을 건네고 그 반응을 듣고 있다. 그러면서 작가와 독자가 서로 대화를 주고받으며 그림책으로 같이 놀고 즐긴다.

한편, 〈파도야 놀자〉는 글이 없는 그림책이다. 한 소녀가 책의 가운데에 그어진 선을 경계로 파도와 놀이를 하는 내용이다. 오른쪽 장면에서 알 수 있듯이, 소녀도 작가도 아무 말이 없다. 살아 넘실대는 듯

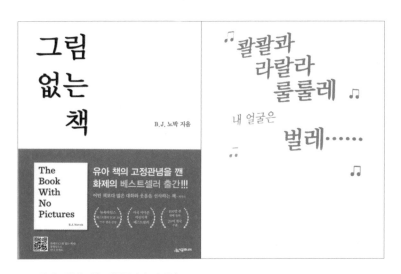

B.J 노박, 『그림없는 책』, 시공주니어, 2016년

이수지, 『파도야 놀자』, 비룡소, 2009년

한 파도와 그 파도에 가까이 다가가고 파도를 놀리다가 파도에게 쫓겨 줄행랑을 치는 소녀의 표정에서 독자는 궁금해 한다. '왜 아무 말이 없지?' 그러다가 소녀의 마음을 읽게 된다. 그리고 파도에게 소녀의 마음을 독자의 말로, 독자의 글로 대신 전해 준다. 작가가 이런 독자의 모습을 보았다면, 틀림없이 흐뭇한 미소를 지었을 게다.

온작품이라는 진수성찬을 맛있게 먹으려면

유진 피터슨은 〈이 책을 먹으라〉[17]에서 성경을 읽지 말고, 먹어야 한다고 주장한다. 이 때 먹는다는 것은 맛있는 과일이나 음식을 먹듯이 즐겁게 성경을 읽으라는 그런 의미는 결코 아니다. 성경 말씀 안으로 들어가서 그 말씀을 즐기고 누리며 살라는 의미이다.

그의 말대로 교사들도, 아이들도 이제부터 '온작품을 맛있게 먹어야 한다.' 그림책에 차려진 글밥과 그림밥을 맛있게 먹어야 한다. 그 밥들을 먹지 않으면서 온작품을 읽는 것은 아무런 의미가 없다. 물론 혼자 먹는 것보다 친구와 함께 먹는 것이 더 맛있게 먹는 법이다. 작가랑 글밥과 그림밥을 함께 만들면서 먹는다면 더 말할 나위 없다. 작품 속으로 들어가 마음껏 말하고, 쓰고, 그림을 그리는 것이 그림책을 정말 맛있게 먹는 법이다.

최근 '휘게Hygge'라는 말로 삶의 지향점을 다시금 재정비하는 사람들이 많아졌다. '휘게'라는 말은 '가까운 사람과 소소한 편안함과 안락함을 느끼는 행복'을 의미한다. 좋아하는 사람과 함께 음식을 먹는 것이야말로 본질적으로 가장 가치 있는 '휘게 라이프'가 아닌가? 교사와 학생이 '글밥'과 '그림밥'을 맛깔스럽게 한 상 차려 놓고 편안하고 안온한 분위기 속에서 수다를 떨며 그림책을 맛있게 먹는 그런 '휘게' 시간을 만끽滿喫하길 바란다.

한 단어, 한 문장으로
'독후 발자취' 남기기

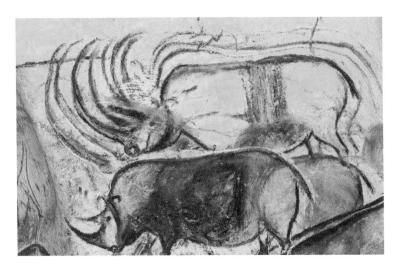

쇼베 동굴벽화 모습

인간의 발자취

아주 오래 전, 종이가 발명되기 전부터 인간은 자신의 생활 영역 주변
에 삶의 자취를 남기고, 또한 그것으로 타인과 소통하며 살았다. 혹자
는 그 삶의 자취를 표현의 욕구나 소통의 욕구로 재해석하기도 한다.
구석기 동굴 벽화의 그림, 오늘날 화장실의 글귀들, 카페나 분식집의
메모 등이 그러한 욕구들의 증거물이다.

큰 일을 먼저 하라. 작은 일은 저절로 처리될 것이다.

−데일 카네기−
〈광명여고 학생회〉

화장실이나 분식집의 수많은
흔적들

이렇듯 인간은 그림으로, 글귀로, 메모로 자신의 삶의 흔적을 남기면서, 자신의 존재를 누군가에게 각인시키거나, 그 누군가의 마음을 움직여 자신의 삶 속으로 초대하고자 했다. 그리고 무엇인가를 함께 향유하자고, 함께 도모하자고 했다.

최근 '인스타그램'이나 '페이스북'에 남기는 사진이나 댓글도 기실, 동굴벽화를 그린 구석기 사람들의 마음과 별반 다름이 없다. 단지 차이가 있다면, 플랫폼에서 낱말이나 어구를 해시태그[18]로 달아 자신을 표현한다는 점이다. 2015년 네팔의 수도 카트만두에서 강진이 일어나 네팔의 시민들이 큰 피해를 입었을 때, 전 세계의 소셜네트워크[SNS] 이용자들이 '#PrayForNepal'이라는 해시태그를 달아 안타까움과 응원의 메시지를 표현하기도 하였다. 이제 해시태그는 컴퓨터의 프로그래밍 언어를 넘어서서 자기표현을 하는 수단일 뿐만 아니라 사회적인 쟁점을 공유하고 해결하는 그런 순기능도 담당하게 된 셈이다.

J. V. Wertsch가 비고츠키의 사상을 정리한 책 〈마음의 사회적 형성〉[19]에 의하면 내 마음은 '내'가 형성한 것이 아니라, '사회'가 형성한 것이라고 한다. 그렇다면 지금 '내' 생각과 언어는 우리 조상들의 흔적(생각과 언어)들의 결과가 아닌가? 현대인들이 삶의 좌표로 삼고 있는 고전이나 경전, 위인들의 허다한 속담이나 격언, 금언 등이 또한 그 증거들이다. 여기서는 아이들의 기억에, 또 어른들의 기억에 온작품이 남기는 해시태그는 무엇인지, 그리고 그 해시태그는 어떤 의미가 있는지 살펴보고자 한다.

강요에 의한 독후 발자취: 베껴 쓰기와 받아쓰기

학교 다닐 때에 신생님이 숙제로 내주었던 '베껴 쓰기' 혹은 '빽빽이'[20]를 기억하는가? 이는 텍스트와 관계없이 강요에 의해 억지로 하는 수동적 행위로서의 쓰기를 의미한다. 〈지각대장 존〉에 그 '빽빽이' 사례가 나온다.

존 버닝햄의 〈지각대장 존〉은 학교를 가던 존이 악어, 사자, 파도를 만나 학교에 지각하게 되었다고 말하자, 선생님은 존이 거짓말을 한다고 그 때마다 존에게 벌을 주는 장면으로 구성되어 있다. 그러다가 모처럼 지각하지 않고 갔더니 선생님이 "존, 난 지금 커다란 털북숭이 고릴라한테 붙들려 천장에 매달려 있다. 빨리 날 좀 내려다오." 하며 외치고 있다. 하지만 존은 "이 동네 천장에 커다란 털북숭이 고릴라 따위는 살지 않아요. 선생님!", 하며 그냥 교실 문을 나가 버린다.

〈지각대장 존〉은 독자들이 할 이야기가 너무나 많은 그림책이다. 그 중 슬픈 장면 하나가 있다. 그것은 선생님이 존에게 반성문을 쓰게 하는 장면이다. 존의 입장에서는 다소 억울하지만, 울며 겨자 먹기 식으로 그 벌을 수용하면서 '억지' 반성문을 써 내려간다. "악어가 나온다는 거짓말을 하지 않겠습니다. 또, 다시는 장갑을 잃어버리지 않겠습니다." 두 문장을 무려 300번 반복해서 빽빽하게 써 내려간 반성문이다.

이와 같은 베껴 쓰기는 무엇보다 온작품에 대한 학생의 이해와 감상과는 무관하며 누군가의 강요에 의한 비자발적인 행위임을 〈지각대장 존〉에서 비유적으로 보여주고 있다. 또한 팔운동밖에 되지 않는 이러한 무의미한 행위는 학생이 자신의 잘못을 뉘우치게 하거나 깨닫게 하는 그런 성찰적 효과도 기대하기 어렵다.

학교에서 행해지는 저학년의 '받아쓰기' 또한 그러하다. 맥락과는 단절된, 그리고 파편적인 문장을 교사가 불러 주는 대로 정확하게 써야 하는 단계가 무의미한 '급수장' 형태의 받아쓰기는 학습자의 언어 능력 신장에 어떤 도움을 주는지 여전히 논란이 분분하다. 기존의 몇몇 연구에 의하면[21] 받아쓰기는 교사 중심이 아니라 학습자 중심이 되어야 하며, 글의 상황과 맥락을 이해한 뒤에 의사소통 능력 신장을 목표로 통합적이고 다양한 받아쓰기 방법을 활용해야 한다고 주장한다. 맞춤법만을 강요하는 받아쓰기는 아직 문장 쓰기에 대한 경험이 부족한 저학년 학생들에게 글자는 재미없고 지겨운 것이라는 반감을 갖게 하고 글쓰기에 대한 동기와 흥미도 떨어뜨리게 한다.

자발적인 독후 발자취: 옮겨 적기

물론 베껴 쓰기나 받아쓰기가 학생들의 맞춤법과 어휘력 향상에 어느 정도 도움을 주는 것은 틀림이 없다. 그럼에도 불구하고 학생들이 이러한 활동을 즐겨하지 않는 까닭은 그 과정이 수동적이고, 즐거움을 수반하지 않기 때문이다. 누군가가 불러주는 대로 받아서 쓰는 행위 그 자체는 학생들을 배움의 주체로 서지 못하게 한다.

그래서 최근에는 '한 문장 쓰기'를 독후 활동으로 많이 활용하고 있다. 이 방식은 줄거리만 쓴 채 피상적이고 단편적인 짧은 감상만을 덧붙이는 방식이나 또한 참고서에 나와 있는 모범적인 사례를 그대로 가져오는 글쓰기 방식에 대한 반성과 성찰에서 나온 대안적 글쓰기 방식이다. '한 문장 쓰기'는 긴 글에 대한 심적인 부담을 줄이면서 자신이 좋아하는 구절을 '정성껏' 쓰는 방식이다.

저학년 온작품 읽기 수업에서 섣부른 낱말 쓰기 학습은 저학년 학습자들에게 '혹시나 틀리게 쓰면 어떡하지?'와 같은 심리적인 두려움을 준다. 따라서 '한 문장 쓰기'를 하는 경우, 학습자와 함께 책을 읽고 그림책에 관한 이야기를 주고받으면서 그림책 속 낱말과 익숙해진 다음, 주어진 낱말을 확장하고 문장 쓰기까지 나아가는 활동을 한다. 다음은 서현의 〈눈물바다〉와 백희나의 〈알사탕〉 그림책에 나오는 단어로 낱말 카드를 만든 뒤 '한 문장 쓰기' 수업에 접근한 예시이다.

저학년 학생에게 그림책은 낱말 공부의 텃밭이다. 그림책을 읽어줄 때마다 주요 낱말을 미리 카드로 만들어 놓으면 다음과 같은 다양한 활동을 할 수 있다. 낱말 카드를 읽고 동일 자음으로 다른 낱말 만들기 ('공룡'의 'ㄱ'이 들어 있는 다른 글자는? '고기'), 낱말 카드를 읽고, 연상되거나 파생되는 낱말 찾아보기('공룡'과 관련된 다른 단어는? '익룡', '박물관' 등), 낱말 카드로 한 문장 완성하기('친구': '친구와 놀이터에서 재미있게 놀았습니다.') 등과 같은 활동을 할 수 있다.

이러한 과정을 거친 학습자는 점차 독서를 즐겁게 받아들인다. 그리고 마음에 드는 작품을 읽을 때마다 독서 노트를 작성하며 그 내용을 자신의 것으로 내면화하는 습관을 지니게 된다. 다음은 어느 방송에서 배우 문가영이 책에 관한 이야기를 나누면서 소개한 자신의 독서 노트이다.[22] 독서노트에는 자신이 읽은 책 내용을 간단히 구조화하여 요약하고 자신의 생각과 느낌도 덧붙여 놓았다. 또 핵심 낱말과 중요한 어구에 밑줄을 긋거나 동그라미를 하면서 그 내용을 온전히 자신의 것으로 만들고자 노력하고 있음도 알 수 있다. 얼핏 보면, 밑줄 치기나 동그라미치기는 무의미한 것처럼 보이지만, 실상은 그렇지 않다.

〈눈물바다〉와 〈알사탕〉을 활용한 그림카드 예시(초성, 중성, 종성을 다른 색으로 표현하였다.)

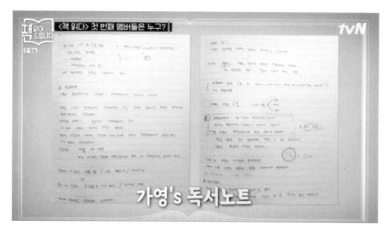

2019년부터 2020년 4월까지 방영한 tvN의 〈요즘책방: 책 읽어드립니다〉 중 문가영의 독서노트

　사이토 다카시는 〈독서력〉[23]에서 책을 읽는 것은 고도의 '정신적 행위'이기도 하지만 그 시간을 견디고 즐기기 위한 '신체적 행위'라고 말한다. 즉, 책을 읽고 자신이 좋아하는 문장을 소리 내어 읽거나 직접 종이 위에 써 보면 운동을 했을 때와 같은 성취감이나 만족감을 얻게 되고 그것이 자신의 것이 되는 그런 일체감 또한 느끼게 된다는 것이다.

　읽기와 쓰기는 학문적으로 보면 이해 활동과 표현 활동으로 나뉘어 개별적으로 작동하는 것처럼 보이지만, 실제 언어생활에서는 서로 넘나들면서 밀어주고 끌어주는 그런 유기적인 성격을 지닌 활동이다. 그래서 옮겨 쓰다 보면 더 깊게 읽게 되고, 더 깊이 읽다 보면 글을 더 잘 쓰게 되는 그런 상승적인 효과를 지니고 있다.

자발적인 독후 발자취의 축적과 확장

2019년 SBS 〈영재발굴단〉이라는 프로그램에서 '세상을 그리는 천재 아티스트, 13세 채은이'를[24] 소개한 적이 있다. 부산의 다양한 명물 연작 '니, 부산 가 봤나', 자기 자신도 알 수 없는 모습을 철학적인 느낌으로 표현한 'WHO AM I', 서로의 다름을 인정하고 존중하자는 메시를 담은 '달라달라2', 위안부 피해 할머니들이 나비가 되어 자유롭게 날아가고 싶다는 소망을 담은 '나는 나비야' 등은 이제 겨우 13세 밖에 되지 않은 아이가 그렸다는 것이 믿기지 않을 정도였다.

그림 솜씨도 뛰어났지만 무엇보다 특이한 점은 사전 작업이었다. 채은이는 책을 읽다가 작가가 던진 질문이나 자신의 고민을 포스트 잇에 쓴 다음, 그것들을 창문에 빼곡하게 붙여 두었다. 그리고 틈틈이 그 메모를 곱씹으면서 그림에 대한 영감을 얻는다고 하였다. 창문에 붙여 둔 메모들이 소녀의 영감에 불을 지피고, 그 메모와 영감이 다시 그림으로 꽃피우게 되는 과정이다.

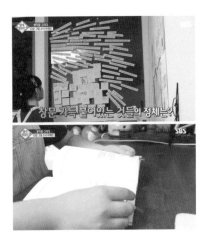

2019년 SBS, 〈영재발굴단〉의 '세상을 그리는 천재 아티스트, 13세 채은이'의 방 창문에 붙은 메모의 모습

채은이뿐만 아니라 다른 예술 작가들도 작품을 창작하기 전에 이러한 '옮겨 적기'를 한다. 글쟁이들은 이를 흔히 '습작習作'이라고 부른다. 좋은 문장과 글귀, 혹은 책 전체를 쓰고 또 쓰는 과정이다. 어쩌면 습작의 과정은 전문작가의 '고도의 정신적 행위'를 아마추어 작가가 자신의 '신체적 행위'로 치환해 나가는 과정은 아닐까?

피카소나 레오나르도 다빈치 역시 그러한 '옮겨 그리기'의 대가大家였다. 아래에 있는 피카소의 습작 노트를 보면,[25] 피카소가 소들을 어떻게 관찰하고 그 특징을 어떻게 그림으로 포착하고자 했는지 알 수 있다. 그리고 유사한 스케치 그림은 소들의 특징들을 제대로 '옮겨 그리기' 위해 얼마나 많은 고심을 했는지 알 수 있게 해 준다. 피카소 그림 아래에 있는 레오나르도 다빈치의 습작 노트를 보면,[26] 다빈치 또한 인물과 신체의 모습, 신체의 해부학적 모습, 사물의 설계도를 꼼꼼하게 '옮겨 그리기'를 해 왔음을 알 수 있다.

피카소나 레오나르도 다빈치가 단순히 천재라고 알려져 있지만, 그들의 작업 노트에서 알 수 있듯이, 피눈물 나는 노력을 수반한 습작이 그러한 예술적인 재능을 발견하게 하고, 위대한 예술품을 낳은 것으로 보인다.

우공이산(愚公移山)이 되는 날을 꿈꾸며

이동진은 그의 책에서 눈으로 읽는 독서는 모두 휘발된다고 말한다. 기억을 붙들고 그것을 더욱 명징하게 표현하기 위해서는 읽고 쓰는 활동을 함께 해야 한다고 강조한다.

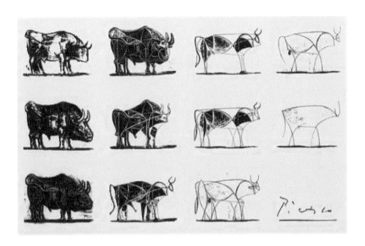

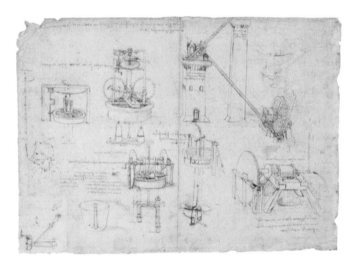

상 | 피카소 『황소』 그림
하 | 레오나르도 다빈치의 습작 노트 중 일부분

"손끝에 뇌가 있다. 뇌가 입에도 있다. 시험공부 할 때를 생각해 보면 책에 동그라미도 치고 밑줄도 긋고 입으로 중얼거리면서 읽는다. 눈으로만 볼 때와 소리를 내면서 읽으며 외우는 것은 큰 차이가 있다. 써보는 것도 마찬가지다. 기억하기 위해서는 말하고 쓰는 게 굉장히 중요하다. (중략) 결국 기억하기 위해서라도 또 표현하기 위해서라도 말하고 쓰는 것은 중요하다. 자꾸 쓰다 보면 글은 스스로 제 길을 찾아가도록 되어 있다."[27]

이동진의 글에서 우리가 주목할 점은 '머리'에 있는 뇌가 아닌, '손끝'에 있는 뇌와 '입끝'에 있는 뇌이다. 손끝의 연필로 긁적이는 쓰기가, 입끝의 혀로 움직이는 말하기가 우리의 기억을 더 오랫동안 붙들어 준다는 것이다. 이는 독자로 하여금 손끝으로 그리고 입끝으로 '독후 발자취'를 꼭 남겨 주기를 간절히 당부하는 말이기도 하다.

텍스트를 읽고 손끝^{쓰기}으로, 입끝^{말하기}으로 작은 발자취를 남기는 행동은 언젠가 '우공이산^{愚公移山},'[28]이 될 것이다. 온작품을 읽고 작품 속에서 좋은 문장을 옮겨 적는 과정은 작고 사소한 활동처럼 보이지만, 어느 순간, 특이점과 같은 놀라운 순간이나 지점을 아이들에게 선물해 준다. 비록 피카소나 다빈치 같은 천재는 안 될지라도, 자신들의 독후 발자취가 그림으로, 음악으로, 시와 노래로 변환되어 꽃 피울 날이 올 것이다. 또한 인문과 예술, 과학 세계를 자유롭게 가로지르고 넘나들면서 자신만의 독창적인 세계를 만들어 나갈 것이다.

아이들의 상처와
슬픔 읽기

요즈음, 교사들의 고민

아이들의 감정에도 다양한 모습들이 있다. 어른들은 아이들이 긍정적인 감정으로 밝고 명랑하게 그리고 늘 행복하게 살기를 바라겠지만, 아이들도 어른들처럼 슬프고 화나고 외롭고 두렵고 힘든 부정적인 감정들을 고스란히 느끼며, 또 애써 감추며 살아가고 있다. 아니, 오히려 어른들보다 더 급박한 감정의 소용돌이 속에서 지치고 혼란스러워하기도 한다. 그래서 우리 교실에는 신나고 기쁘고 즐거운 날보다 화나고 슬프고 우울한 날이 더 많은 아이들이 여기저기 있다.

아이들의 그런 슬픔을 온작품으로 치유할 수 있다면 얼마나 좋을까? 그런데 고민이다. 수업 시간에 너무나 현실적이고 두렵고 무서운 가족 구성원의 죽음이나 성폭력 사건·사고 등을 다룬 작품을 그대로 읽어 줘도 될지? 아이들은 어떻게 받아들일까? 아이들이 궁금해 하는 수많은 질문들을 교사로서 '나'는 감당할 수 있을까? 혹시나 책 내용과 유사한 경험을 한 아이들이 교실 속에 있다면 괜스레 아이의 민감한 상처를 건드려 덧나게 하는 것은 아닐지? 이런저런 고민과 갈등으로 인해 밤새 뒤척거리며 잠 못 이루는 교사들이 생각보다 많다.

이번 글에서는 긍정적인 감정은 차치且置하고, '죽음'과 '상실'이 가져다 줄 부정적인 감정을 집중적으로 다루고자 한다. 다소 어렵고 무거운 주제이지만 언젠가 우리 아이들도 필연적으로 마주하게 될 상처와 슬픔이다. 그 상처와 슬픔을 먼저 온작품으로 '정성껏' 읽어 내고자 한다. 그리고 또 다시 온작품으로 '조심스럽게' 치유하고자 한다. 이는 이른 새벽, 정화수를 떠놓고 자식들이 잘 되기를 비는 우리 어머니들과 같은 그러한 몸가짐과 마음가짐으로 경건敬虔하게 접근하여야 한다. 그래야 아이들의 상처와 슬픔을 알게 되고 온전히 치유할 수 있게 된다.

상처와 슬픔, 마주하기

죽음을 맞이하는 모습과 대처하는 방법은 사람마다 다르다. 어른도 감당하기 어려운 죽음, 그것은 영원한 이별이자 완전한 상실, 절대적인 슬픔이다. 그래서 아이에게 '죽음의 의미'를 읽히는 일은 위험할 수도 있으며, 실제로 매우 위험하다. 그 일은 작품의 예술성이나 완성도와는 전혀 무관하다. 서천석의 〈그림책으로 읽는 아이들 마음〉[29]에서는 아이들이 죽은 자와 산 자가 죽음으로 인해 더 이상 만날 수 없다는 사실을 인지하고 수용할 수 있는 나이가 초등학교 고학년 시기 정도라고 했다. 그 전의 아이들은 죽음이라는 개념 자체를 잘 이해하지도 받아들이지도 못한다는 것이다. 그래서 온작품으로 죽음을 간접적으로 그리고 비유적으로 경험하게 하는 접근이 필요하다.

〈철사 코끼리〉는 외로운 소년 데헷이 가족과 같은 코끼리 '얌얌이'의 죽음을 맞이하면서 시작된다. 소년은 철사로 만든 커다란 코끼리를 '얌얌이' 대신 끌고 다니지만, 철사 코끼리 때문에 사람들의 목소리를 듣지 못하고 아무도 소년 곁에 다가오지도 않는다. 그러다가 문득 철사는 코끼리가 될 수 없음을, 또 철사는 코끼리와 하나도 닮지 않았음을 깨닫고 철사 코끼리를 뜨거운 용광로에 밀어 넣는다. 그리고 대장장이 삼촌이 철사 코끼리를 녹여 만들어 준 작은 종을 갖고 다니며 바람에 종소리가 나면 코끼리 '얌얌이'가 곁에 있다고 믿는다.

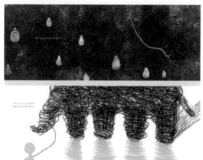

고정순, 『철사 코끼리』, 만만한책방, 2018년

이 책은 반려동물이자 가족의 죽음을 철사 코끼리에 비유하면서 그 슬픔을 마주하는 모습을 덤덤하게 그려내고 있다. 아무나 오를 수 없는 돌산 아래 울려 퍼지는 작은 종소리의 공명처럼 삶 속에서 아무나 깨달을 수 없는, 죽음의 슬픔이 주는 여운과 의미를 간직하는 방법을 가르쳐 주고 있다.

〈이게 정말 천국일까?〉도 '죽음'이라는 소재를 다루고 있지만, 신스케만의 단순하지만 발랄하고 유쾌한 그림체가 보는 내내 따뜻한 미소를 짓게 한다. 죽음을 맞이하게 된 할아버지, 자신이 가게 되는 곳이 멋지고 편안하고 좋은 곳이라는 유언과 같은 마지막 편지를 가족들에게 남긴다. 손자 역시 할아버지가 가시는 곳이 멋지고 신나는 곳일 것이라는 믿음을 가지고 마침내 안심한다.

왼쪽 그림은 모자와 쌍안경, 읽던 책을 든 채, 할아버지가 배낭을 매

요시타케 신스케, 『이게 정말 천국일까?』, 주니어김영사, 2016년

할머니 목소리다!

백희나, 『알사탕』, 책읽는곰, 2017년

고, 허리 가방을 차고, 수호천사에게 줄 선물을 준비하고 어디론가 떠나는 모습이다. 그런데 '천국에 갈 때 나의 모습'이라고 한다. 죽음 뒤에도 괜찮은, 어쩌면 더 멋진 시간이 펼쳐질 것이라는 저자의 믿음이다. 오른쪽 그림은 '다시 태어나면 되고 싶은 것'이 무엇인지, 독자에게 질문을 던지고 있는 듯하다. 두 그림 모두, 어린 독자들에게 죽음을 어떻게 마주해야 하는지, 그리고 현재의 삶을 어떻게 살아가야 하는지 생각하게끔 한다.

백희나의 〈알사탕〉에서는 동동이가 분홍색 알사탕을 깨물자 돌아가신 할머니 목소리가 들린다. 그런데 더 이상 힘없고 늙은 할머니 목소리가 아니다. 할머니는 여학교 친구들을 만나 신나게 뛰어놀고 있다고 말한다. 그리고 동동이한테 당부한다. "혼자 노는 게 좋다고 고집부리지 말고 친구들과 신나게 뛰어 놀아야 한다."

작가는 할머니의 죽음으로 상처를 입은 동동이를 '분홍색 알사탕'으로 위로해 주고자 한다. '분홍색 알사탕'은 다른 알사탕과는 달리 깨물면 풍선껌이 나온다. 작가는 동동이가 책상 밑에 붙여 놓은 그 풍선껌(분홍색 알사탕)을 떼어 씹을 때마다 돌아가신 할머니 목소리를 들려준다.

아이들은 이러한 온작품으로 죽음의 의미를 처음으로 마주하게 된다. 이렇듯 좋은 온작품은 죽음을 소재로 하고 있지만, 떠난 자가 아니라 남은 자의 삶의 즐거움과 오늘을 충실하고 충만하게 살아가는 자의 태도에 초점을 맞춘다. 결국, 죽음과 삶에 대한 이야기는 아이들로 하여금 현재 자신의 삶을 보다 진지하게 성찰하게 할 것이다.

상처와 슬픔, 함께 아파하기

질 티보의 〈용서해, 테오〉는 갑작스러운 교통사고로 인하여 슬픔에 빠진 가족의 이야기를 들려준다. 가족은 형의 이야기를 서로 나누면서 함께 실컷 울다가 마침내 슬픔을 딛고 일어선다. 가해자에 대한 원망과 분노를 용서하는 마음으로 되돌리고, 형의 죽음에 대한 상처와 슬픔을 추모의 형식으로 되돌리고 있다. 형을 영원히 떠나보내는 것이 아니라 가족 안으로 새롭게 들어오도록 초대한다.

질 티보의 〈마주보면 무섭지 않아〉는 병상에서 죽음을 마주하는 어떤 아이가 주인공이다. 작가는 그 아이가 두렵고 무서운 죽음을 어떻게 '친구'로 받아들이는지, 파스텔 톤의 수채화로 표현한다. 죽음이 주는 일반적인 통념과 달리, 따스하고 밝은 삽화가 더욱 아름답고 평화롭게 느껴진다.

또 다른 질 티보의 〈마티유의 까만색 세상〉에서는 시각 장애인의 이야기를, 〈네 잘못이 아니야, 나탈리〉에서는 성폭력을 당한 아이의 상처

(왼쪽부터) 질 티보, 『용서해 테오』, 『마주보면 무섭지 않아』, 『나의 손을 잡아주세요』, 『네 잘못이 아니야, 나탈리』, 어린이작가정신

와 그 상처를 어루만져 주는 교사의 이야기를 들려주고 있다.

질 티보라는 작가는 아이들의 성장 과정에서 겪을 수 있는 아픔과 어려움, 힘든 감정과 정서를 있는 그대로 풀어내고 있다. 그러면서 그 아픔을 이겨 내는 방법은 결국 주변의 가족과 친구, 소중한 것들과 함께여야 한다는, 작지만 중요한 해결책을 덤덤하게 제안한다. 어른들도 감당하기 힘든 상처를 아이들은 어떻게 받아들이고 있는지, 좋은 어른들의 역할은 무엇인지, 아이들에게 그리고 어른들에게 넌지시 알려 주고 있다.

죽음과 폭력, 장애가 주는 상처와 슬픔은 누군가와 함께 시작하면서 그 치유 과정이 시작된다. 감당하기 힘든 상처와 슬픔에 직면했을 때, 아이들은 안으로 더 깊게 숨는다. 도망치고, 부정하고, 분노하기도 한다.[30] 교사는 이러한 상처와 슬픔을 소재로 한 작품을 소개할 때, 민감하게 반응하는 아이가 '혹' 있는지 섬세하게 살펴야 한다. 그리고 천천히, 아주 조심스럽게 다가가야 한다. 조급하게 그 상처를 끄집어내려 해서도 안 된다. 상처받은 아이에게 우선 필요한 것은 가까운 곁에서 너를 지켜 줄 좋은 어른이 언제나 기다리고 있다는 믿음을 주는 일이다. 아이가 그 상처와 슬픔을 편안하게 터놓을 수 있도록 신뢰 관계를 구축하는 일이 급선무다.

상처와 슬픔, 넘어서기

아이들이 커다란 시련과 상처를 겪었을 때, 차분하게 기다려 주고 믿어 주는 어른의 태도는 아이가 얼마나 빨리 일어서고 단단해지느냐를 결정짓는다. 사실 타인이 줄 수 있는 도움은 굉장히 미약하다. 아무리 안타깝더라도 타인의 상처나 장애를 대신 짊어질 수 없으며 대신 아파해 줄 수도 없다. 그 누구도 함께 겪을 수는 없는 가슴 아픈 현실이지만, 아이가 스스로 문제를 해결할 수 있도록 내성을 기르도록 해 주는 일이 어른과 교사의 몫이다.

〈블랙독〉은 아이들 스스로 두려움과 공포를 어떻게 극복해 나가는지 보여 주는 놀라운 작품이다. 두려움의 대상인 검은 개는 어른들조차 보는 순간 섬뜩하다. 공포를 먹고 사는 검은 개는 그 자체가 두려움이 되어 점점 커져 간다. 그러다가 마침내 그림책 전체를 덮어 버린다.

〈그림책으로 읽는 아이들 마음〉[31]에 의하면 두려움은 본래 두려움을 먹고 자란다고 한다. 두려움의 정체이자 본질이다. 두려움과 공포를 느끼면 일단 피하거나 핑계를 대는데 그러면 그럴수록 자신감은 점점 더 없어지고 공포는 점점 더 커지게 된다는 것이다. 도전과 용기가 필요하다는 것은 너무나 당연한 이야기지만 그것보다 중요한 것은 두려움과 그 실체를 온몸으로 껴안아 보고, 느껴 보는 반복적인 경험이다.

그런데 〈블랙독〉에서 그 공포의 정체와 본질을 가장 빨리 파악한 사람은 다름 아닌 작은 꼬맹이다. 세상 경험을 많이 한 엄마와 아빠, 형과 누나들이 오히려 두려움의 강박에 더 쉽게 갇히고 두려움의 구덩이 속에 더 오래 숨는다는 것을 역설적으로 보여 준다. 아이는 검은 개와 함께 뛰어놀고 뒹굴면서 친구가 된다. 그림책을 지배하던 검은 개도 아이만큼 작아진다. 이렇듯 두려움이란, 사실 우리가 만들어 낸 허상일 수 있다는 것을 말해 준다.

심각한 문제에 직면했을 때, 사람들은 누구나 두려움을 느낀다. 아이 역시 마찬가지다. 더 이상 일어설 수 없을 것 같은 좌절감을 느끼고, 냉혹한 현실에서 심리적으로 더욱 움츠러들게 된다. 그런 아이들 곁에서 좋은 어른이 그 손을 잡아 주고 한 발, 한 발 함께 내딛어 간다면, 그 경험을 발판 삼아서 언젠가 '그 검은 개'와 함께 달리고 뛰어놀게 될 것이다.

레비 핀폴드, 『블랙 독』, 북스토리아이, 2013년

시원하다. 후아!

서현, 『눈물바다』, 사계절, 2009년

〈눈물바다〉는 〈블랙독〉이 주는 무거움과는 달리, 가볍고 명랑한 만화체 작품이다. 그러나 주인공은 우울하고 슬프다. 시험도 망치고 점심도 맛이 없다. 게다가 이유 없이 나를 괴롭히는 짝꿍 때문에 억울하게 선생님한테 나만 혼이 났다. 하굣길, 비를 맞고 집에 왔는데 부모님은 그런 내 마음도 몰라준 채, 공룡처럼 싸우고 있다. 설상가상, 저녁밥을 남겼다고 꾸중만 한다. 부모의 싸움은 아이를 불안과 공포 속으로 한층 더 밀어 넣는다. 그래서 주인공은 이불을 뒤집어쓰고 소리 내어 울기 시작한다.

현실에서 어른들은 아이의 그런 눈물에 당황스러워한다. "뚝!"이란 말로 아이의 눈물을 강제로 그치게도 한다. 하지만 이 작품에서는 눈물이 바다를 이루어 자신을 괴롭히고 힘들게 했던 모든 것들을 쓸어버리면서 "시원하다!"라고 말한다. 그러고 나서 아이는 자신을 괴롭혔던 모든 것들을 빨랫줄에 널어놓고 드라이기로 말려준다.

〈눈물바다〉는 눈물을 실컷 쏟아 내고 상처와 슬픔을 마음껏 표현했을 때, 비로소 여유를 찾게 되고 자신의 감정을 가라앉히면서 타인도 제대로 바라볼 수 있다는 것을 알려 준다. 이 작품을 읽어 본 어른이 슬픔에 잠겨 우는 아이를 봤다면, 틀림없이 이렇게 말해 줄 것이다.

"실컷 울어서 바다를 만들어도 괜찮아. 그럼 한결 시원해진단다."

상처와 슬픔, 빠져 나오기

어른들 눈에 아이들은 천둥벌거숭이다. 그렇지만 어른들만큼이나 아이들의 삶 역시 녹록치 않다. 과도한 학업 스트레스와 부모로부터 제대로 돌봄을 받지 못하는 데서 생기는 물리적, 정서적 결핍, 또래 친구들 간의 갈등 등이 그러하다.

정신건강의학과 전문의 김현수는 〈요즘 아이들 마음고생의 비밀〉에서 아이들이 하고 싶은 말을 얼굴 아래에 나란히 제시하고 있다. "일단 제 편이 되어 주세요." "비웃지 말고 격려해 주세요." "내일은 과연 오늘보다 더 나을까요?" "우리들의 새로운 문화를 이해해 주세요." "마음 둘 곳이 없어요." "돈으로 때우지 마세요." "존중하며 잘 들어주세요." "우리도 최선을 다하고 있다고요!" "그냥 답답할 뿐입니다." 표지 하단에 이런 아이들의 상처와 슬픔을 작가가 한 줄로 요약하고 있다. "이번 생은 망했습니다." 아이들은 아마 작가의 이 문장에 '쫄딱'이라는 말을 더 넣고 싶었을지도 모르겠다.

소아정신과 의사 서천석은 〈그림책으로 읽는 아이들 마음〉에서 아이들은 스스로 자립할 권한도 능력도 없기에 답답한 현실을 이기기 위해

상상에 기댄다고 한다. 아이의 상
상력과 판타지가 터무니없는 망상
처럼 보이겠지만, 상상력은 현실
속에서 생각보다 위대한 힘을 발
휘한다.

〈블랙독〉이나 〈눈물바다〉와 같
은 작품을 통해 두려움과 슬픔을
만났을 때, 아이들은 혼자서 캄캄
한 어둠의 구덩이 안으로 들어가
는 것이 아니라 소중한 사람과 이
야기를 나누는 '상상의 통로'를 만
든 뒤, 그 어둡고 긴 구덩이 속을

김현수, 『요즘 아이들 마음고생의 비밀』, 해냄,
2019년

기어코 빠져나온다. 또한 나 혼자만의 고통을 또래와 나누면서 그 아
픔이 처음보다 작아지는 경험을 하게 된다. 마치 커다랗고 검은 '상처
와 슬픔의 개'가 아이들과 뛰어놀면서 점점 더 작아지게 되는 그런 놀
라운 경험을 온작품으로 하게 될 것이다. 그리고 난 뒤, 마침내 이렇게
조용히 읊조릴 것이다.

"이번 생은 아직 해볼 만합니다!"

온작품으로 만들어가는
'거리' 풍경 (I)

사람들 사이에 섬이 있다. ﹡

그 섬에 가고 싶다.

정현종, 〈섬〉

정현종 시인은 사람들 사이에는 섬이 있다고 한다. 섬과 섬 사이에는 바다가 있다. 작은 배를 타든 물살을 즐기며 헤엄쳐 가든 바다라는 간격을 좁혀가는 과정, 혹은 그 간격을 인정해 주는 과정이 바로 '관계'이다. 관계를 만들어 가는 과정에는 여러 가지 방법이 있다. 가족과 친구와 관계를 만들기도 하지만 어떤 우연한 기회나 계기가 있을 때에 낯선 자들과 관계를 만들어 갈 수 있다.

교실 속 상황에서는 어떨까? 학생들은 일 년에 한 번씩 자신의 선택과 의지와는 관계없이 낯선 타자와 관계를 맺어야 한다. 낯선 어른[교사]과의 관계, 또래 아이들과의 관계 속에서 학생들은 때론 상처를 받고 갈등하고 위로를 주고받으며 성장한다.

교사와 학생 간의 거리

심영택·윤어진(2018)[32]은 교실이라는 사회적 공간에서 물리적 거리가 존재한다고 이야기하고 있다. 미국의 인류학자 홀[E.T.Hall][33]은 사람들이 다른 사람과 관계를 맺을 때 갖는 물리적 거리를 네 가지로 분류하였다. 그것은 친밀한 간격[intimate distance], 개인적 간격[personal distance], 사회적 간격[social distance], 공공적 간격[public distance]으로 설명한다. 친밀한 간격은 15~46센티미터 정도의 거리로 정서적으로 친밀함을 느끼는 연인이나 가족 간의 관계를 말하고, 개인적 간격은 46센티미터~1.2미터 정도이며 각종 사교 모임이나 가까운 친구 모임에 해당한다. 사회적 간격은 1.2~3.6미터로 낯선 사람과 보통 크기의 목소리로 이야기를 주고받는 정도이다. 마지막으로 공공적 간격은 3.6미터를 넘는 공간으로 무대 위의 공연자와 관객 간의 거리 정도를 의미한다.

문화나 상황에 따라 달라질 수 있지만 교실에서 교사와 학생간의 거리는 개인적, 사회적 간격의 거리를 오갈 수 있어야 한다. 홀[E.T.Hall]은 물리적 거리로 관계를 이야기 했지만 이는 심리적 거리를 내포한다. 심영택·윤어진이 관찰한 교사는 학생들과의 심리적 거리를 좁히기 위해 책상 배열을 'ㄷ'자로 배치하거나 그림책을 읽어주면서 학생들을 교실 앞으로 모여 앉게 한다. 물리적인 거리를 좁히면서 심리적 거리를 좁혀

나가는 노력을 하는 모습이다.

이처럼 교실에서 교사의 위치는 좀 더 유동적일 필요가 있다. 그 위치는 학생들에게 더 가까이 다가가서 학생들과 수업 시간 속의 상호작용의 밀도를 높여 주는 중요한 요소이다. 의자에 가만히 앉아 있는 학생 입장에서는 다가오는 교사가 큰 존재이기 때문에 교사와 거리가 가까워지면 긴장하고 집중한다. 한편, 교사 입장에서는 교실 앞 교탁에서 학생을 바라보는 것보다 학생 곁으로 밀착하여 다가갔을 때 학생의 눈을 자세하게 바라볼 수 있게 되는 장점이 있다. 하지만 유독 긴장을 많이 하는 학생의 경우, 교사가 가까이 다가가면 지나치게 부담감이나 긴장감을 갖게 되어, 오히려 수업에 집중하는 것을 방해할 수 있기 때문에, 학생 개인의 특징 등을 고려하면서 신중하게 다가가야 한다.

그러나 교사가 고정된 자리에서 아무도 보지 않고 허공에 말하는 느슨한 분위기보다 학생들을 적극적이고 능동적인 학습자로 개입시키면서, 수업 시간 속에서 대화의 물꼬를 트는 친밀한 사회적 거리를 유지할 때에 학생들은 수업에 더욱 몰입하고 유의미하게 학습하는 장면을 종종 목격하게 될 것이다. 학생들이 수업 시간에 개별 활동을 할 때에도 몸을 낮추어 학생 개개인의 책상 아래로 내려가 눈높이를 맞추는 교사의 태도는 교사가 좀 더 적극적으로 개별 학생과 상호작용을 하고자 하는 시그널이다. 잘 집중하지 못하는 아이들에게는 자주 가까이 다가가는 방법, 틱이 있거나 불안감을 가지고 있어서 손이나 학용품을 계속 만지작거리는 아이의 손을 조용히 다가가 가만히 잡아 주는 것, 발표하는 학생 가까이 다가가 눈을 맞추며 고개를 끄덕여주고 어깨를 두드려 주는 교사의 시그널은 학생들에게 응답의 시그널을 불러일으킬 것이다. 그것이 바로 수업 시간 속에서 교사와 학생이 대화를 이어 가고 관계를 만들어 가는 방법이 될 것이다.

일상 수업에서도 이러한 교사의 대화 기술은 매우 중요하다. 그렇지만 온작품 수업에서 책을 매개로 학생과 만나게 되면 교사와 학생 사이의 거리는 훨씬 더 자연스럽게 밀접하고 친밀해진다. 바로 교사와 학생 가운데에 살아있는 '이야기'가 있기 때문이다. 온작품 수업을 하는 교사들과 이야기를 나누어 보면 대부분의 교사들이 학생과의 거리를 위해 책을 읽어줄 때에는 PPT를 사용하지 않고 종이책으로 읽어 줘야 한다는 강박을 가지고 있는 경우를 볼 수 있다.

그러나 책을 매개로 만나는 수업의 목적이 '교사와 학생'의 거리에 초점을 맞춘 것인지, '교사 – 텍스트 – 학생'의 관계를 위한 것인지 그 목적을 분명히 할 필요가 있다. 수업 시간에 학생에게 책을 읽어 줄 때에는 그림을 텍스트처럼 자세하게 보는 경험이 중심이 되어야 한다. 그렇다면 굳이 학생과 종이책으로만 만나는 방법을 고집할 필요는 없다. 물론 종이책이 가지고 있는 전통적이고 고요한 분위기와 책을 읽어주는 안온하고 따뜻한 느낌을 살리기 위해서라면 모두 함께 모여 책을 읽는 시간이 더할 나위 없이 좋을 것이다.

하지만 25명 남짓한 학생들이 모여 있는 교실 상황에서 옹기종기 모여 앉는다하더라도 모든 아이들이 작고 자세한 그림까지 세세하게 살필 수는 없다. 책을 누워서 자유롭게 보는 것, 교사의 발밑에 모여 앉아 교사의 책 읽어주는 모습을 가만히 들여다보는 것은 책과 가까워지기 위한 첫 단계에 해당하는, 책 읽는 분위기에 젖는 활동이다. 좀 더 텍스트와 밀착하여 텍스트의 내용에 몰입하고 그림을 텍스트처럼 깊이 읽도록 하기 위해서는 교사는 교실 상황에 맞게 그림책 읽는 거리를 선택할 수 있어야 한다. 가장 이상적인 방법은 수업을 하는 온작품을 학생 한 명 한 명이 모두 갖고 있는 것이라고 할 수 있겠다. 물론 학교의 지원과 재정이 수반되어야 가능한 일이다. 온작품 읽기에서 교사와 학생의 거리를 위해서는 이러한 다양한 환경 속에서 주어진 여건과 의미를 고려해야 한다.

교사는 학생들이 온작품에 한 발 다가가도록 물리적 거리보다 심리적 거리를 좁혀가는 노력을 해야 한다는 것이다. 온작품 속의 이야기는 물리적 거리의 한계를 뛰어 넘어 교사와 학생의 대화를 샘솟게 해 준다. 학생은 재미있고 흥미로운 이야기를 교사를 통해 접하고 이야기의 문턱에 들어선다. 딱딱한 문자나 글자가 아닌 교사의 목소리로 접하는 것이다. 그렇게 자연스러운 방법으로 이야기의 세계의 문턱으로 들어서면 이야기 속 주인공의 삶과 주변 인물들에게 금세 빠져들어 내가 그 이야기의 주인공이 된다. 그러면서 학생은 이야기 속의 사건을 해결하고자 갈등하고 기다리며 기대한다.

다음은 온작품 수업 시간에 작품을 통해서 학생과의 거리를 좁히게 된 교사의 이야기이다.

"아이가 먼저 와서 말을 하더라고요. 공부 끝나고 공부에 대한 얘기를 한 적 없는데, 그거에 대한 얘기를 자꾸 와서 하더라고요. 보통 하는 얘기는 친구 얘기나 생활에 관련된 얘기를 하지, 선생님 아까 뭐 배웠는데 그런 얘기를 하는 경우는 거의 없어요. 완전 공부 잘 하는 애들 질문 아니고서야. 근데 일상생활에서 저런 얘기를 자꾸 꺼내서 얘기하더라고 교사 (A)의 말은 모든 교사들이 공감할 것이다. 학생들이 교사에게 개별적으로 다가와 공부나 방금 전 수업에 대한 질문을 하는 경우는 매우 희박하다. 생활문제를 하소연하거나 고민을 이야기하는 것만으로도 교사와 학생은 매우 친밀한 관계이다. 그러나 교사와 학생이 사적으로 친한 관계를 갖는 것보다 중요한 것은 수업 속에서 공적으로 가까운 관계를 만들어 가는 것이다. 수업에 흥미가 없는 학생들도 수업 내용에 관심을 갖고 교사에게 가까이 다가가는 관계가 교사와 학생이 가질 수 있는 가장 이상적인 관계가 아닐까?

교사 (A)의 사례에서 그 학생과 교사의 대화는 3번 이상을 오고 갔다. 데즈먼드 모리스의 〈맨 워칭Man Watching〉[34]에서는 사람도 일종의 동물의 범주, 하나의 종種으로 보면서 역사적으로 오랜 시간동안 눈빛이나 수신호, 행동으로 더 긴밀한 의사소통을 하고 있다고 이야기하고 있다. 인간에게는 언어가 중요하다고 생각하지만 오히려 솔직한 의사소통에는 비언어, 반 언어적인 표현, 즉 제스쳐gesture와 바디 랭귀지body language가 더 많은 기여를 하고 있다는 연구이다.

데즈먼드 모리스는 원숭이들이 서로 털을 골라주는 행동을 보면서 인간도 머리를 쓰다듬는 것, 손을 잡는 것, 어깨를 두드리는 것, 눈빛을 교환하거나 지그시 바라보는 것 등의 반복되는 행동으로 인하여 친밀감을 형성하고 깊은 관계가 연결되고 유지된다고 하였다. 즉 교사 (A)가 학생과 세 번 이상의 대화를 주고받았을 때, 학생이 세 번 이상 교사를 찾아오면서 보다 가까운 거리에서 교사와 눈을 마주쳤을 때 이 교사와 학생은 관계의 채널이 열리게 된다는 것이다.

이는 교사와 학생이 온작품을 매개로 관계의 채널을 더욱 자연스럽고 수월하게 열 수 있다는 것을 보여주는 사례이다. 학습에 어려움을 보이는 학생이나 상호작용을 힘들어하는 학생들에게도 교사는 수업 내용을 가지고 도움을 줄 수 있다. 교사는 이때 학생이 수업에 관심을 보이는 찰나의 기회를 놓치지 않아야 하고 순간의 관심을 수업 시간에 좀 더 유지시켜서 작품 속의 문턱을 잘 넘어 주인공이 되도록 학생 곁에서 거리를 좁히고 징검다리를 놓아주며 손을 잡아주는 역할을 할 수 있어야 한다.

교사와 교사 간의 거리

교사들의 책모임은 꽤나 많다. 책을 읽고 이야기를 나누며 억지로라도 일상에서 책을 읽으려는 노력과 책에 대한 이야기를 통해 배움에의 갈증을 해소하기 위함이다. 그런데 교사들의 책모임은 학교 내부 모임보다 외부 모임이 더 활발하고 그 책을 수업으로 활용하기보다 교사들의 힐링의 도구나 내면의 성찰적 수단으로 이용하는 경우가 있다. 교사들의 책모임이 학생들 간의 거리를 좁혀가기 위해 어떠한 노력을 했는지 냉철하게 살펴봐야 하고 좀 더 촘촘한 학습모임을 만들기 위해서는 책을 만나는 경험부터 다시 들여다 볼 필요가 있다.

교사는 온작품 읽기를 통해 학생과 학생과의 거리를 밀접하게 만들어 주기 위해 작품을 자세하게 읽고 함께 대화를 나누며 작품 속으로 들어가서 때론 작가가 되어 때론 독자가 되어 학생들과 작품을 만나고 치열하게 나눈다. 교사는 수업 속에서 학생을 도와주고 가르치는 노력을 교사 간 공동체 속으로 그대로 가져올 필요가 있다. 텍스트를 함께 꼼꼼하게 읽고 읽은 내용을 공유하여 생각의 차이를 경험하고 다양한 해석을 비판적으로 수용해야 한다. 온작품을 학생들에게 수업 속에서 어떻게 활용해야 할지 함께 고민하고 나누어야 하며 서로 얼굴을 맞대고 때론 소리 높여 토론해야 한다.

다음 교사 (B)와 (C)의 이야기에서 교사 공동체 속에서 전문적인 수업 이야기를 어떻게 발전시켜야 하는지에 대한 고민을 들여다보자.

"사실 교사들 간의 모임을 해 본 경험상, 진정한 온작품 동아리를 할 거면 안 친한 선생님들이랑 해야 할 것 같아요. 선생님들하고 책모임을 했을 때에 보니까 온작품에 대해 깊게 볼 수 있는 시각을 가진 사람이 없으니까 책 읽고 나면 결국엔 학교 불만만 이야기하게 되더라고요."_교사 B

"맞아요, 책과 관련지어서 경험 얘기만 하고, 온전히 책을 볼 수 없는 분위기에요. 그걸 하려면 정말 한 단계 위이신 분이 리더를 하거나 아니면 그런 조율을 하는 게 필요할 것 같아요."_교사 C

교사들이 책을 중심으로 모인다고 하더라도 책 이야기를 제대로 하지 못한다는 성찰적 이야기이다. 교사 (B)는 교사들이 책 이야기를 할 수 없는 이유를 온작품에 대한 전문적인 지식이 없는 교사들이 모여 있기 때문이라는 지적을 하였다. 즉 '리더의 부재'라는 말로 교사 (C)는 정리를 하였다. 또한 교사와 교사의 거리가 사적으로 너무 가깝다는 흥미로운 이야기도 하였다.

우리는 흔히 친하면 좋은 모임이 될 거라고 생각하지만 오히려 적당한 거리를 유지하는 것, 공적인 관계를 만들어 가면서 수업에 대한 학습적인 만남이 될 수 있도록 약속과 원칙을 정하는 것도 필요하다.

"작품에 몰입하게 만드는 무언가가 필요한데, 온작품에 대한 전문가가 같이 껴있거나 아니면 애초에 무슨 관점을 제시해서 가르치는 것의 의미를 합의하고 이야기를 했을 때 제일 도움이 됐던 것 같아요. 온작품 수업에 대한 목적, 가이드라인을 따라서 그 안에서 제대로 담론을 이야기할 수 있었는데, 그렇지 않은 문학을 읽고 이야기 했을 때는 간단한 소감만 이야기를 하던지, 심리학책 읽었을 때는 '애들 심리가 이런 것 같다.'로 끝나는 경우가 많아요. 그런데 사실상 들어보면 애들 욕이나 신세타령에 그치죠. 그래서 제대로 할 거면 작품도 잘 정해야 되고 전문가도 필요할 것 같아요. 자기 스스로 전문가가 되던지."_교사 B

교사들은 온작품을 매개로 작품과 학생을 만나게 해 주고 싶고 학생들도 작품을 활발하게 이야기하며 토론을 하고 수업의 분위기가 한층 성숙되기를 원한다. 교사들은 온작품 수업에 대한 기대감과 이상을 부풀리기보다는 교사들의 온작품 수업 모임을 통해 작품을 읽는 안목을 먼저 키워야 한다. 작품을 작품답게 읽으면서 보다 치밀하게 이야기를 나눴을 때에 그 작품에 대한 이야기의 완성은 수업에 대한 자신감으로 구현될 것이다. 온작품에 대한 전문가는 교사들 서로 서로가 되어 주어야 한다. 작품을 깊이 읽는 능력은 함께 만들어 가야 하는 교사의 숙제이며 교사와 교사의 공적 거리를 만들어 가는 열쇠가 될 것이다.

온작품으로 만들어가는
'거리' 풍경 (Ⅱ)

학생과 학생 간의 거리

교실에서 교사와 학생의 관계만큼 중요한 것이 학생과 학생 간의 심리적 거리와 관계이다. 학생들은 때론 놀랄 만큼 서로에 대해 관심이 없다. 한 학기가 지났는데도 자기와 친한 친구들이 아니면 서로 말도 주고받지 않으며 심지어 이름도 잘 모르는 경우도 있어서 깜짝 놀랄 때가 있다. 잠자는 시간을 제외하면 가정에서 보내는 시간보다 학교에서 보내는 시간이 점점 더 많아지는데 학생들은 각자의 섬에 갇혀서 무엇을 하고 있는 걸까?

담임교사는 새 학년이 시작되면 또래 간의 관계 맺기 놀이나 학급 놀이 등을 활용하여 좀 더 가깝고 친밀한 학급 분위기를 만들기 위해 노력한다. 그렇지만 관계 맺기 놀이나 학급 놀이가 수업 속에서 일 년

내내 지속되지 않으면 이는 학년 초에만 하는 행사성 놀이나 이벤트가 된다. 여전히 학생들은 수업시간이 되면 교과서를 펴고 교과서에 나온 지문을 읽으며 문제를 해결한다. 발표하는 학생들은 늘 똑같고 그런 용기나 능력이 없는 학생들은 우두커니 앉아 시간을 보낸다. 교사의 질문에도 '누군가는 답을 하겠지.'하는 마음으로 무관심한 위치에서 시간이 어서 가기를 바란다. 이는 마치 같은 공간 안에 있지만 서로 다른 이방인이나 나그네와 같이 고립된 존재들처럼 보인다.

이러한 수업 분위기는 고학년으로, 상급학교로 갈수록 더욱 심해진다. 교사가 활동이 많은 수업을 디자인해서 학생들을 참여시킨다 하더라도 내향적이고 소극적인 학생들은 자신의 의견이나 생각을 잘 표현하지 못한 채 우두커니 시간을 보낸다. 혹은 능력이 없다고 판단된 학생들은 가위질을 하거나 종이를 붙이는 등의 소극적인 활동만 하며 수업에 흥미를 잃어간다.

그런데 온작품 읽기 수업을 하다 보면 작품을 통해 또래 학생들 간의 거리를 좁히는 계기가 만들어지곤 한다. 온작품 수업이 대단히 특별한 수업은 아니다. 또한 학생들이 갑자기 가까워지는 마법의 결과를 불러 일으키진 않는다. 그러나 작품을 통해서 학생과 학생은 자신의 개인 생활에 대한 이야기가 아닌 좀 더 거리를 두고 있는 작품 속 인물의 이야기를 더 쉽게 나눌 수 있다. 작품 읽기와 해석하기를 한 뒤에 교사는 다양한 활동을 통해 학생들과 학생들이 서로 만나도록 도울 수 있다.

학생들의 활동 밀도를 높이기 위해서는 짝 활동을 먼저 하는 것이 좋다. 모둠은 최소 네 명으로 구성되어 있는 데 반해, 짝 활동은 '나'와 '너'로 이루어지기에 그 관계가 더욱 밀착되기 마련이다. 네 명 이상의 모둠 활동과는 다르게 능력이 없거나 자신감이 없더라도 내가 말을 하지 않으면 대화가 이루어지지 않기 때문이다.

짝 활동으로 할 수 있는 대표적인 활동으로 하부르타[35] 활동을 말할 수 있다. '하부르타'는 유대인들이 서로 토론하는 방식이다. 유대인 학생은 둘씩 짝을 지어 도서관에 마주 앉아 하나의 주제에 대해 소리를 높여 토론을 한다. 모르는 사람이 이 광경을 목격하거나 듣는다면 서로 싸운다고 생각할 정도로 논쟁은 격렬하다. 더 놀라운 것은 하부르타를 하는 두 명의 학생은 서로 전혀 모르는 대상일 때가 더 많다는 것이다. 모르는 사람과 처음 만나서 하나의 주제에 대해 언성을 높여가며 토론하고 의견을 표현하면서 자신과 다른 의견을 수용하고 때론 설득하며 설득 당한다.

하부르타는 온작품 수업에서 텍스트를 자세히 읽는 방법으로, 학생들이 작품에 대해 깊이 탐구하는 방법으로 활용할 수 있다. 학생은 작품을 읽고 그 내용에 비추어 질문을 만들고 짝과 함께 질문에 대한 답을 탐구한다. 그 과정에서 서로 좋은 질문과 답을 선정하고 그렇게 정한 이유를 말한다. 그리고 나서 짝 활동에서 모둠, 모둠에서 분단 등으로 조금 더 확장된 크기의 역동적인 만남을 가지면서 여러 번 토론을 한다. 그것은 바로 한 번도 이야기를 나눠보지 못한 앞, 옆, 뒤 학생들에서 나아가 더 많은 또래들과 공적으로 만나게 되는 경험을 하는 것이다. 다음은 그림책을 활용하여 하부르타 수업을 했을 때 사용한 활동지의 내용이다.

학생 하부르타 활동지 내용

 학생들은 사실질문과 추론질문, 적용질문 등 3가지 질문을 만드는 과정 속에서 텍스트를 다시 깊이 읽게 되고 짝과 이야기를 나누면서, 그것을 다시 분단 친구들과 이야기를 반복해서 나누고, 텍스트를 곱씹으며 확장해 나간다.

 학생들이 서로 친밀해진다는 것은 사적으로 이야기를 나누고 자신의 은밀한 비밀을 공유하는 것이기도 하지만, 수업 속에서의 거리를 좁혀나간다는 것은 작품 속에서 느낀 이야기들을 서로 공감하고 갈등하면서 다양함과 그 속에서의 공통성을 경험하는 것이다. 나의 긴밀한 이야기를 꺼내는 것보다 작품 속 인물의 이야기를 하면서 서로 훨씬 편안하게 공감할 수 있다. 공적이고 지적인 활동을 통해 타인과의 물리적인 거리와 심리적인 거리를 좁혀나가게 되는 것이다. 물론 다른 의견과의 치열한 논박은 때론 갈등을 유발하기도 한다. 그렇지만 갈등과 불편함은 먼 관점에서 본다면 성찰의 기회가 된다. 갈등을 제대로 직면하고 경험하면서 다른 사람의 다양한 의견을 자신이 성장하는 밑거름으로 마련한다는 데에 큰 의미가 있을 것이다.

온작품과 학생 간의 거리

앞서 교사와 학생의 거리, 학생과 학생의 거리, 교사와 교사의 거리를 좀 더 밀접하게 만들고 견고하게 구성하는 노력은 바로 온작품과 학생의 거리를 연결하기 위한 준비 단계이거나 과정의 단계라고 할 수 있을 것이다. 이것은 순환적인 관계로 온작품과 학생과의 거리를 더 깊고 튼튼하게 만들어 준다.

온작품이라는 매개체는 학생들에게 매우 흥미롭고 특별한 역할을 한다. 누구나 흥미를 가질 수 있는 이야기 장치를 통해서 학생들은 성향을 불문하고 이야기 속으로 초대를 받고 그 안에서 만나는 인물과 대화를 나누는 시간과 공간을 만들어 낸다. 때론 자신이 가지고 있는 고민과 가정에서의 갈등, 불화, 또래 친구들 사이에서의 일들이 혼자만의 상상이나 허상으로 눈덩이처럼 불어날 때가 있다. 그때 온작품 속의 인물들이 겪는 갈등과 상황을 보고 나의 고민과 상황의 비슷한 점을 발견하면서 '나만 겪는 일은 아니구나, 내 것이 별 게 아니구나.'라는 고민과 불안의 실재적 크기를 직면한다.

또한 온작품을 읽고 나의 문제를 작품 속 인물을 빌려서 객관화시키고 해소하기도 한다. 현실의 문제는 크게 해결되거나 달라지지 않았지만 인물의 입을 빌려서 나의 문제를 소리를 내어 말할 수 있다는 것 자체가 학생들에겐 큰 힘이 될 수 있다. 이러한 성찰은 인물에 대한 탐구를 깊이 있게 하면서 작품 속 인물의 모습을 일반적인 기준과 지표로 만들기도 한다. 더 나아가 작품 속 인물과 학급의 친구의 닮은 점을 찾거나 또래 친구들 중에 작품 속 비슷한 상황을 겪은 일을 중첩시키기도 한다. 학생들은 자신의 경험을 작품의 세계와 일치시켜서 작품 속으로 성큼 들어가는 신나는 경험을 하게 된다. 그러면서 자신이 나아가야 할 방향에 대한 거울을 스스로 만들어 가기도 한다.

다음 활동의 예는 진형민 작가의 〈소리 질러 운동장〉[36]으로 온작품 읽기 수업을 했을 때 우유부단하고 고지식하지만 자신이 맡은 일에 성실하고 정직한 주인공 '동해'의 인물 탐구와 분석을 한 내용이다.

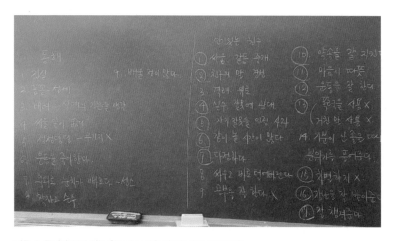

작품 속 동해와 인기 있는 친구의 조건을 비교한 칠판 판서 내용

학생들은 주인공 '동해'의 성격과 인물에 대해 탐구하는 것에서 나아가 우리 반 친구들 중에도 동해와 같은 성격의 친구는 누구인지, 그 친구가 왜 인기가 많은지, 인기가 많은 친구가 되기 위해서는 어떤 조건이 필요한지 함께 알아보았다. 동해와 비슷한 성격으로 친구들에게 뽑힌 아이는 수업 시간에 공식적으로 친구들의 인정을 받는 최고의 상을 받았고 그 이후에도 좋은 행동을 더 적극적으로 하려고 노력하는 모습을 보였다. 또한 다른 친구들은 그 아이와 닮아가려고 노력하는 모습을 보이며 학급에는 긍정적인 상승작용이 일어났다.

동해의 장점	인기 있는 친구의 특징
- 동해는 어떤 상황이든 거짓말을 하지 않는다. 그래서 동해의 말이라면 믿을 수 있을 것 같다. - 희주를 먼저 생각한다. 늘 친구의 기분을 배려해서 말을 하고 행동을 해서 신중하고 배려심이 많은 것 같다. - 동해는 팀의 운명이 걸린 중요한 경기에서도 상황을 따지지 않고 정정당당하게 자신의 팀에게 해가 될 말을 한다. 동해의 정정당당함이 좋다. - 거짓말을 못해서 답답하고 꽉 막혔을 것 같은데 야구부를 만들 때 앞에 '막'자를 붙여서 도장을 받을 수 있게 한 장면에서는 정말 눈치가 빠르고 센스 있었다.	- 싸움이나 갈등을 중재한다. - 친구의 말을 경청한다. - 늘 친구들을 격려하고 위로해준다. - 친구의 실수나 잘못에 관대하다. - 자기 잘못을 잘 인정하고 사과한다. - 마음이 따뜻하고 다정하다. - 싸우고 바로 털어버린다. - 공부를 잘 한다. - 약속을 잘 지킨다. - 운동을 잘 한다. - 거친 말, 폭력을 사용하지 않는다. - 기분이 안 좋을 때 분위기를 풀어준다. - 차별하지 않는다. - 장난을 잘 받아준다. - 잘 챙겨준다.

칠판 판서 내용을 정리하여 학급 게시판에 붙여 놓은 내용

학생들과 온작품을 통해 알아본 친구들의 기준과 잣대는 현실의 친구와 맞닿아 있기 때문에 매우 구체적일 수밖에 없다. 학급 학생들이 만든 그 기준을 그대로 학급 앞 게시판에 붙여서 학생들이 두고두고 볼 수 있도록 하였다. 그것 자체가 자신이 타인에게 좋은 친구가 되고 싶은 기준과 지향점이 되었다. 작품과 학생이 거리를 좁혀가는 과정에서 자아를 형성하고 정립시켜서 '나'에서 '너'로 나아가는 경험을 한 것이다. 학생들은 일차적으로 작품에 대한 이야기나 인물에 대한 의견을 작품 속 목소리를 통해 듣는다. 그것을 기반으로 학생들은 작품의 목소리와 자신의 목소리를 겹쳐서 생각하게 되고 왜 그렇게 생각했는지 책 속의 문장을 찾아보면서 밑줄을 긋고 메모를 한다.

이러한 활동은 곧 작품 속 인물 혹은 작가와 대화를 나누는 내면적이지만 적극적인 깊이 읽기 실천 방법이 된다. 배울 것이 있다면 어느 누구도 우리에겐 선생이고 스승이다. 학생들에게는 교사만이 선생이 아니라 작품을 읽으면서 동해도 선생이 되고 희주도 선생이 될 것이다. 또한 도란도란 이야기를 나누며 성장하게 하는 내 옆의 친구들도 선생이 될 수 있다는 것을 느끼게 될 것이다. 교사도 마찬가지다. 온작품 읽기 수업시간에 어떠한 것들을 구상하고 계획하여 실행하면서 교사는 동료 교사들과 서로 끊임없이 성찰하고 배울 때에 학생이라는 섬에 좀 더 수월하게 도착할 수 있을 것이다. 또한 동료들과 그 섬에서 다른 섬을 함께 이어줄 수 있는 튼튼한 배를 만드는 도전을 해 나갈 것이다.

책 속에 길이 있다, 없다?

완성된 작품과 미완성된 삶

"소설은 현실보다 분명 짧을 겁니다. 70억 인구의 삶을 대신할 분량의 소설은 없습니다. 그러나 소설이 현실보다 깊을 수는 있습니다. 〈중략〉 독서를 통해 우리는 현실과 매우 닮았으나 현실이 아닌 어떤 세계를 탐험합니다."

-김영하, 〈읽다〉[37] 중에서

온작품 속 주인공은 현실 속 독자가 아마 평생 한 번도 겪지 못할 독특하고 색다른 경험을 한다. 그 경험은 영화 〈비포 선라이즈〉[38]처럼 하룻밤 사이에 일어나기도 하고 〈천일야화〉[39]처럼 오랜 시간에 걸쳐 일어나기도 한다. 독자는 현실 속 자신의 삶을 영화나 소설 속에 등장하는 인물들의 삶에 비추어 보면서 자신의 삶도 그 결말이 그렇게 아름답게 마무리되기를 상상한다.

하지만 우리의 삶의 결말은 남녀노소^{男女老少} 불문하고 그 누구도 알수가 없다. 미완성 상태의 현재 진행형으로 끝나는 듯하다. 소설이나 영화에서 주인공의 삶의 모습은 책 한 권 속, 혹은 100분 남짓한 상영시간 안에 승부를 걸어야하기 때문에 고밀도로 응축^{凝縮}되어 있다. 그래서 등장인물들의 삶은 현실 속 독자들보다는 짧지만 오히려 깊을 수 있다는 김영하 작가의 말이 진실에 가깝다.

학생들은 작품을 읽으면서 온작품 속 인물들의 갈등이 마치 자신의 것인 냥 마주하며 그 해결책을 요모조모 탐색해 본다. 그러다가 자신의 깜냥으로는 도저히 넘을 수 없는 벽임을 깨닫고 그냥 주저앉거나 체념하기도 한다. 이러한 시뮬레이션 경험이 주는 의미는 무엇인가? 현실 속에서도 그러한 갈등이 풀리지 않은 채 여전히 지속되지만, 학생들은 그러한 경험을 통해 대리만족을 얻거나 카타르시스[40]를 느끼기도 한다. 또한 현실보다 더 실제적인 주인공의 삶을 들여다보면서 미완성 상태로 현재 진행 중인 자신의 삶을 온전하게 완성하고자 스스로에게 질문을 던지고 그 해답을 찾아 여기저기 헤매기도 한다.

참을 수 없는 유혹: 책 속에 길이 있다?

'우리는 책 속에 길이 있다.'는 말을 하곤 한다. 그래서 교사라면 누구나 책 속에서 올바른 길을 찾기를 바라며, '학생들이 작품의 세계 속으

로 잘 들어갔으면, 내가 알고 있는 것을 학생들도 잘 알게 되기를…'
하는 바람을 지니며 온작품 읽기를 시작한다. 자녀를 잘 양육하고자 하
는 부모의 심정 같다. 또 교사 자신이 온작품을 접했을 때 경험한 그 모
든 어려움과 해결책을 학생들에게 고스란히 전수傳授해 주고 싶어 한다.

그런데 교사의 지나친 친절은 학생들의 '읽는 그 즐거움'을 송두리째
빼앗아 갈 수도 있다. 그 즐거움이란 낯선 지역을 여행하는 경험과 유
사하다. 가이드의 친절한 안내를 받아가며 편안하게 여행을 다녀왔을
때보다, 지도 한 장을 손에 쥐고 골목 여기저기를 헤매고 다니면서 얻
게 되는 여행의 즐거움은 생각보다 크고 많다. 이제는 눈 감고서도 그
마을의 지도를 그릴 수 있다고 큰소리치는 여행자가 되고, 그 마을의
빵맛과 온정을 도저히 잊을 수가 없다는 고백을 반복적으로 하는 수다
쟁이가 된다. 길을 잃고 헤매는 것을 두려워하지 않는 작은 용기가 주
는 소소하지만 확실한 행복이다.

교사의 지나친 친절이 가이드의 그것보다 위험한 것은 하나의 길을
제시해 주거나 정답을 주입하고 싶은 유혹이다.

"요즘 우리 반 ○○이가 편식을 하는데 편식을 하면 안 된다는 그림
책을 읽어줘야겠어." "우리 반 아이들이 너무 싸우니 친구들끼리 싸우
지 않고 사이좋게 지내야 한다는 책을 읽어줘야겠군."

'내가 가 보았더니 이 길이 맞더라.' 하는 식의 다소 성급하고 과도한
교훈을 주입하고픈 유혹이다. 이는 학생들의 행동이나 습관을 온작품 읽
기를 통해 바꾸고자 하는 일종의 목적형 독서에서 볼 수 있는 모습이다.

교사에게 참을 수 없는 유혹은 주제나 교훈이 명확한 온작품을 선택
해서 학생들에게 그 길로 달려가게끔 유도하는 것이다. 하지만 교사의

과도한 개입과 주입은 학생 스스로 작품을 선택하여 읽고 질문을 던질 수 있는 기회를 빼앗고 학생의 잠재적인 능력을 사장死藏시킨다. 그래서 작품의 주제나 묘미를 건져 올릴 때, 그 짜릿함을 일평생 느끼지 못하게도 만든다. '책 속에 길이 있다'는 명제는 보편타당하다. 하지만 그 길을 학생들 스스로 찾는 즐거움을 제대로 맛보지 못하게 하는 교사의 지나친 친절은 대단히 위험한 '교육적 욕망'이다.

좋은 책의 이중적인 의미: 책 속에 길이 없다?

이동진은 〈닥치는 대로, 끌리는 대로 오직 재미있게 이동진 독서법〉[41]에서 우리가 살면서 크게 흔들리면 위험하지만 책을 읽으면서 흔들리는 건 상대적으로 덜 위험하다고 말한다. 그는 좋은 책이란 이중적인 의미를 갖는다고 하였다. 그것은 길을 찾게도 만들고 마음껏 헤매게도 만든다는 것이다. 아마 길을 잃고 헤매면서 길을 찾게 되고 그렇게 스스로 찾은 길은 더 이상 두려움 없이 낯선 곳을 유영遊泳하는 여유와 자신감을 찾게 된다는 의미일 것이다. 책을 읽는 자가 덜 위험한 까닭은 생각지도 못한 이러한 이득도 있기 때문이리라.

　미완성 상태의 우리의 인생은 두렵다. 그래서 온작품에 기대어 어떤 위로라도 받고 싶어 한다. 어떤 독자는 〈백만 번 산 고양이〉[42]를 읽고 '얼룩 고양이'의 주인들처럼, 자신에게 한없는 사랑을 베풀어 주었던 어머니를 왜 그렇게 모질게 대했던가, 하며 참회의 눈물을 흘리기도 한다.[43] 또 어떤 독자는 흰 고양이에게 감정을 이입하여 흰 고양이는 얼룩 고양이에게 왜 적극적으로 자신의 이야기를 들려주지 않는지, 자신도 수동적으로 '사랑'이라는 이름을 대하고 있진 않는지 돌이켜보기도 하였다. 독자의 삶 속에서 〈백만 번 산 고양이〉의 후속편이 다시 창작되거나 재구성되는 순간이다.

온작품이 세상에 나오면 그것은 더 이상 작가만의 소유가 아니다. 그 작품을 다채롭고 풍요롭게 새롭게 쓰고 다시 읽는 일은 오롯이 학생들의 몫이다. 그래서 정해진 책 속의 길을 그대로 답습踏襲하는 것보다 훨씬 흥미롭고 신나는 경험을 하게 된다. 완성된 온작품이 세상에 던져지는 순간, 학생들은 그 온작품을 분해하고 해체하기 시작한다. 그리고 자신의 생각과 느낌을 그 작품 속에 녹여 넣으며 '살아 있는' 새로운 이야기를 만들어 나간다. 온작품을 읽고, '아무도 가지 않은 길'을 학생들이 '따로 또 함께' 만들어 가는 교실 풍경을 교사들은 날마다 꿈꾸고 있다.

교사독자로서 길 찾기: 위편삼절(韋編三絶)의 읽기

대부분 일반 독자는 자신이 처한 현재 상황을 작품에 그대로 투영하거나, 작품의 상황이나 맥락을 자신의 삶에 그대로 적용하며 읽는다. 일종의 자기편의주의自己便宜主義다. 인간은 언제나 자신의 편리와 이익을 판단과 행위의 기준으로 삼는 사고방식을 지닌 존재이기에 이러한 '자기편의적인 독서'가 무조건 나쁘다고만 할 수 없다.

하지만 문제는 '자기편의적인 독서'가 독자들로 하여금 쉽게 자기합리화를 하게끔 만든다는 점이다. 군이 제3자가 아닌 자기 눈으로 보더라도 이해하고 감상하는 능력이 부족함에도 불구하고, 그 상황을 근본적으로 해결하려는 노력을 기울이는 것이 불편하거나 귀찮아서이다.

어떤 독자는 신동엽의 시 '오렌지'를 읽자마자, 그 주제를 김춘수의 시 '꽃'과 유사하다고 했다.[44] 또 어떤 독자는 두 작품의 흐름과 양상이 분명히 다름에도 불구하고, 클리셰cliché[45]하다고 평가했다. 행여 표현이 진부하거나 반복적으로 등장한다고 할지라도 모두 클리셰가 되는 것은 아니다. 이런 '자기편의적인 독서'를 하는 독자가 있다면 "그는 지금 매우 위험한 상태에 있다."고 할 수 있다.

그런데 좀 더 전문적인 독자는 온작품을 읽으면서 작품의 주제나 내용과 관련한 수많은 질문을 생성하기도 한다. "주인공은 이 상황에서 왜 저렇게 행동할까?" 또 이곳저곳에 숨겨놓은 다양한 장치와 기호를 통해 작가의 의도가 무엇인지 탐색해 나간다. "작품에서 작가가 하고 싶은 말은 뭐지?" 그리고 "나라면 과연 어떡할까?" 하는 최종적인 질문을 던지며 책장을 덮는다. 그러다가 《역(易)》을 좋아한 공자孔子처럼 독자 자신이 특별히 더 좋아하거나 애착이 가는 책이 있다면 자문자답自問自答의 즐거움으로 인해 동일한 책을 여러 번 반복해서 읽게 된다. 처음 읽었을 때와 색다른 느낌, 숨겨진 새로운 주제와 내용을 발견하게 되고 그것을 자신의 경험과 연결 지으면서 더 깊이 작품의 세계 속으로 빨려들게 된다. 흔히 말하는 '위편삼절韋編三絶'[46]의 과정이다.

책이나 영화를 읽거나 보면서 끊임없이 질문을 던지고 비록 해답을 찾지 못하더라도 그 실마리를 찾게 되는 즐거움은 생각보다 어렵지 않다. 몇 개월 정도 열심히 운동하고 식사만 잘 챙겨 먹어도 어렵지 않게 얻을 수 있는 잔근육처럼 약간의 반복 훈련을 통해서도 누구나 얻을 수 있는 습관이기 때문이다.

이제 남은 과제는 교사 스스로 온작품 읽기를 하면서 이러한 잔근육을 만드는 경험을 미리 해 보는 일이다. 전문 독자의 한 사람으로서, 그리고 학생들을 가르치는 자로서 '교사독자[47]'의 길 찾기, 또는 길 헤매기 연습 과정은 다음과 같다.

먼저 텍스트 '마주하며' 읽기[standing]이다. 작품 속으로 들어가 등장인물의 말과 행동에 주목하며 텍스트를 있는 그대로 꼼꼼하게 읽어야 한다. 이 때 온작품을 묶은 가죽 끈이 처음으로 끊어지게 될 것이다[韋編一絶]. 두 번째, 텍스트 '아래에서' 읽기[under_standing]이다. 작가가 작품의 행간으로 세상에 전하고자 하는 외침을 겸손한 자세로 귀 기울여 들어야 한다. 그러다 보면 온작품의 가죽 끈이 또 끊어져 다시 묶어야 할 것이다[韋編二絶]. 세 번째, 텍스트 '위에서' 읽기[over_standing]이다. 교사 독자는 학생의 입장이 되어 텍스트와 연계된 학생들의 경험과 다양한 이야기를 확장시키고 유의미화 하는 작업을 해야 한다. 마땅히 온작품을 해체하고 재구성해야 하기에 끊어진 그 가죽 끈을 다시 묶는 작업도 병행될 것이다[韋編三絶].

교사독자라면 마땅히 이러한 위편삼절의 과정을 거쳐야 온작품에 대한 '잔근육'이 길러진다. 때론 숨겨진 책의 골목길을 여기저기 신나게 돌아다니는 학생들을 여유롭게 묵묵히 지켜봐 주는 일, 때론 그 골목길에서 헤매고 울고 있는 학생들에게 "길을 잃어도 괜찮아," 하며 공감하고 격려해 주는 일, 때론 정해진 길 안에서는 도저히 볼 수 없는 것들을 발견한 학생들과 그 기쁨을 공유하는 일이 교사독자의 지녀야 할 '잔근육'이다. 이러한 '잔근육'을 기른 교사독자라면, '책 속에 있는 길'을 학생들에게 함부로 제시하거나 정답을 주입하고픈 자신의 욕망을 절제할 수 있을 것이다. 교사독자는 그저 '어떤 책을 잘 읽는다, 좋아한다.'라는 일반 독자 수준에 머물러선 결코 안 된다.

오렌지

신동집

오렌지에 아무도 손을 댈 순 없다.
오렌지는 여기 있는 이대로의 오렌지다.
더도 덜도 아닌 오렌지다.
내가 보는 오렌지가 나를 보고 있다.

마음만 낸다면 나도
오렌지의 포들한 껍질을 벗길 수 있다.
마땅히 그런 오렌지
만이 문제가 된다.

마음만 낸다면 나도
오렌지의 찹잘한 속살을 깔 수 있다.
마땅히 그런 오렌지
만이 문제가 된다.

그러나 오렌지에 아무도 손을 댈 순 없다.

대는 순간

오렌지는 이미 오렌지가 아니고 만다.

내가 보는 오렌지가 나를 보고 있다.

나는 지금 위험한 상태다.

오렌지도 마찬가지 위험한 상태다.

시간이 똘똘

배암의 또아리를 틀고 있다.

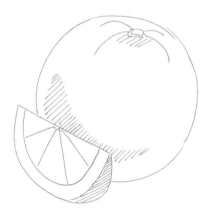

그러나 다음 순간

오렌지의 포들한 껍질에

한없이 어진 그림자가 비치고 있다.

오 누구인지 잘은 아직 몰라도.

-⟨누가 묻거든⟩(1989)-

꽃

김춘수

내가 그의 이름을 불러주기 전에는
그는 다만
하나의 몸짓에 지나지 않았다.

내가 그의 이름을 불러주었을 때,
그는 나에게로 와서
꽃이 되었다.

내가 그의 이름을 불러준 것처럼
나의 이 빛깔과 향기에 알맞은
누가 나의 이름을 불러다오.

그에게로 가서 나도
그의 꽃이 되고 싶다.
우리들은 모두
무엇이 되고 싶다.

너는 나에게 나는 너에게

잊혀 지지 않는

하나의 눈짓이 되고 싶다.

-<꽃과 여우>(1997)-

3부

온작품 읽기 수업하기

한 학기 한 권 읽기

한 학기 한 권 읽기는 독서단원이다?

2015 개정교육과정에 '한 학기 한 권 읽기'라는 문구가 게재되었다.

<**2015년 개정 교육과정 총론>

(독서 영역)

4. 교수학습 및 평가의 방향

  2) 국어 활동의 총체성을 고려하여 통합형 교수·학습을 계획하고 운용한다.

   ⑥ **한 학기에 한 권**, 학년(군) 수준과 학습자 개인의 특성에 맞는 책을 긴 호흡으로 읽을
     수 있도록 도서 준비와 독서 시간 확보 등의 물리적 여건을 조성하고, 읽고, 생각을 나
     누고, 쓰는 통합적인 독서 활동을 학습자가 경험할 수 있도록 한다.

(2015 개정 국어과 교과용 도서 편찬상의 유의점)

(7) 매 학기 한 권 교과서 밖의 책을 수업시간에 완독하고, 타인과 생각을 나눈 후 자기 생각을
   쓰는 데 도움이 되도록 통합적인 수업 활동을 개발한다.

교육과정 총론에서는 학년과 학습자 수준을 고려하여 한 학기에 한 권, 긴 호흡으로 하는 통합적인 교육활동의 취지를 밝히고 있다. 또한 '교과서 밖'이라는 조건을 제시하여 학생들은 교과서 외의 작품을 수업 시간 안에 완독^{完讀}하여 자신의 생각을 정립시켜야 한다. 즉, 아침 자습 시간에 책을 정하여 학생들과 함께 읽거나 간단한 독후활동을 하는 등의 기존의 독서교육과는 결을 달리하는 지침이다.

2015 교육과정에서는 교육과정 운영상의 자율성을 보장하고자 독서단원을 한 단원(8차시 이상)이상의 시수로 학기 중 언제나 어떤 방식으로든 운영할 수 있다고 제시하고 있다.

<교사용 지도서의 내용>

(3) 독서 교육을 강조하는 교과서
- 독서 단원은 2015 개정 교육과정의 초등학교 3학년에서 고등학교 3학년까지 '한 학기 한 권 읽기'를 국어 교과서에 반영한 특화 단원이다.
- 독서 단원은 '한 학기 한 권 읽기' 경험으로 학생의 독서 습관을 형성하고 독서 태도를 함양하며 나아가 학생이 평생 독자로 성장하는 기반을 마련하는 것이 목적이다.
- 독서 단원은 '매 학기 한 권, 교과서 밖의 책을 수업 시간에 끝까지 읽고, 타인과 생각을 나눈 뒤에 자기 생각을 쓰는 활동으로 구성했다.
- 독서 단원은 국어과 수업 시수 안에서 특별하게 계획한 독서 경험을 제공한다. 교사와 학생이 자유롭게 선택하고 구성해 교수·학습 과정에서 독서가 이루어지도록 구성했다.
- 독서단원은 독서 습관의 지속과 내면화를 위해 한 학기에 한 단원(8차시 이상)으로 구성하는 것을 기본으로 하며 학교 도서관 및 교실 상황, 교육과정 및 교과서 재구성에 따라 수업시기를 자유롭게 정해 탄력 있게 운영한다.
- 독서 단원은 통합 여부, 집중 여부, 수업 시기에 따라 다양하게 운영할 수 있다.
- 독서 단원명: 책을 읽고 생각을 나누어요.

그러나 학교 현장에서는 한 학기 한 권 읽기가 교육과정에 명시되고 교과서에는 '독서 단원'이 들어오면서 혼란이 가중되고 있다.

"한 학기 한 권 읽기를 대하는 교사들의 반응은 다양했다. 2018년 3월, 교사들은 새로운 용어에 적잖이 당황했다. 여태 봐왔던 교과서 내용과 달랐고 독서단원이라고만 안내가 되어 있어 낯설기도 했다. <중략> 교사들을 더 당황시킨 것은 '온작품 읽기'라는 말이었다. '한 학기 한 권'과 '온작품'은 무슨 상관인지, 왜 헷갈리게 그런 용어를 쓰는지 교사들은 더욱 혼란스러워했다."[1]

"교육과정이 개정되면서 한 학기 한권 읽기에 대한 연수가 많았어요. 연수는 모든 사람이 다 하긴 했거든요. 교육청에서. 연수는 받았는데 그걸 실제 국어 수업에서 안 하는 사람이 더 많은 것 같아요. 독서단원 자체가 약간 '부록' 같은 느낌이랄까?"[2]

교육과정 총론에 제시한 취지와 의도와는 달리, 교과서 안에 도입된 독서단원으로서의 한 학기 한권 읽기는 교과서로 국어교육을 해 오던 교사들에게 마치 갑자기 불쑥 튀어나온 돌부리같이 생경스럽기만 했다. 물론, 한 학기 한권 읽기라는 독서단원이 교육과정 속으로 들어오기 전, 학급에서 '통권 읽기'라는 의미로 온작품 읽기를 나름대로 실천하고 있던 교사들도 있었다. 그들은 EBS다큐프라임[3]의 '슬로 리딩'으로 화제가 되기 이전에도 교실에서 꾸준히 그림책이나 동화책으로 온작품 읽기를 하고 있었다. 또한 서구의 교육 선진국에서는 이미 오래 전부터 교재로서 한 권의 책을 채택하고 그 책으로 문법과 문학을 가르치고 있었다. 그렇지만 교과서 수업으로 정해진 진도를 나가던 우리 교육 현실에서는 온작품 읽기가 특별한 능력과 관심을 가진 소수 교사의 전유물이라고 생각할 수밖에 없었다. 대부분의 교사들에게 독서단원의 도입은 과학 교과서 도입 부분의 '자유탐구 단원'과 같이 '부록'으로 인식된다고 한 교사는 이야기하고 있다. 따라서 온작품 읽기를 해 온 교사와 하지 않았던 교사의 격차는 그만큼 좁혀지기 어려워졌다. 온작품 읽기가 생소한 교사들은 선택이 아닌 의무가 되어버린 한 학기 한권 읽기가 부담스러운 존재이다. 이 정책이 온작품 읽기를 해오던 교사들에게 혼자서 고군분투하던 방법을 체계적으로 정리하여 확산할 수 있는 기회이기도 하지만, 과업 지향적인 '한 학기 한권 읽기'의 존재는 그들에게조차 여전히 우려스럽다.

온작품 읽기를 해본 교사와 안 해본 교사와의 격차를 8차시 이상의 수업만으로 해소할 수 있을까? 온작품 읽기는 국어 교과서 속에서 하나의 독서 단원에 불과한가?

한 학기 한권 읽기의 가치

이경화(2017)[4]는 한 학기 한권 읽기의 교육과정 도입을 학생들의 3학년부터 고등학교 10년에 걸친 장기적 프로젝트로 인식해야 한다고 하였다. 학교에서의 독서에 대한 지속적인 경험과 습관은 사적 영역의 독서가 공적 영역으로 확대되는 계기가 될 것이라고 하였다. 즉 교육과정 속에서 '한 학기 한권 읽기'의 가치는 교사들의 확산 지속성과 공유 가능성에 있다. 교육과정 상에서 교사들이 한 학기 한 권 읽기를 보다 확산적으로 실행할 수 있도록 탄력적 운영을 추구한다는 점이 주목할 만하다.

　이러한 맥락으로 독서 단원에서는 읽기 전, 읽기 중, 읽기 후 활동을 단원으로 운영할지, 차시별로 수업을 할지, 교사가 자율적으로 수업을 디자인하도록 권장하고 있다. 이는 명확한 지문과 문항을 제시하는 국어 교과서 안에서 최소한의 가이드라인만을 제안하여 교사의 자율성을 보장해주고자 하는 새로운 시도이다. 이는 기존 온작품 읽기를 주체적으로 실천하던 개인적 열의와 노력을 공적으로 시스템화하여 다른 교사들과 공유할 수 있도록 하였다. 또한 교사들의 자율성을 시도하는 발판의 장을 마련해준다는 면에서 한 걸음 진일보한 정책이다. 결국 이러한 시도들이 모여 특별한 철학이 있는 소수 교사만이 아닌, 다수의 교사들이 함께 하고 보다 많은 학생들이 질 좋은 국어교육의 혜택을 받을 수 있도록 하는 긍정적인 교육 방향이다. 이러한 제도적 시행이 좋은 시스템으로 정착하여 교사들의 자율성이 펼쳐지고 자신들의 교육적 노하우를 공유, 확산할 수 있는 가능성을 검증받을 수 있다면, 그 다음에 고민해야 할 문제는 지속 가능성이다.

한 학기 한권 읽기의 한계

2015 교육과정에서 '한 학기 한 권 읽기'가 교과서의 독서단원으로 구현되도록 한 시도는 좋았으나 현재 교과서 속에는 독서 단원만 '덩그러니' 들어와 있을 뿐이다. 한 학기 한권 읽기를 지속 가능하게 만들기 위해 한 학기 한권 읽기가 교육과정 상에서 갖는 한계는 무엇인지 알아

보도록 하겠다.

첫째, '독서' 단원과 다른 단원들과의 연계성이 부족하고 분리되어 있다는 문제이다. 독서단원은 이미 다른 단원들과 함께 혼용될 수 없는 물과 기름이 되어버렸다. 교과서 외 작품을 선정하여 수업 속에서 그것을 8차시 이상으로 녹여내야 하는 제안은 교과서 수업만 해 온 교사들에게 매우 막막하다. 여전히 국어 교과안에서 각각의 단원은 분리되어 있고 독립적이다. 그런 면에서 교사들은 모든 단원들을 다 가르쳐야 하는 강박감에 둘러싸여 있다. 그리고 사실 모든 단원을 꼼꼼하게 가르쳐야 한다. 결국 온작품 수업은 온작품 수업대로 다른 단원의 수업은 그 수업대로 진행해야 하는 과부하에 걸린다.

국어 단원은 약 10단원으로 구성되어 있다. 한 학기에 가와 나권으로 분리되어 일 년에 총 4권을 가르쳐야 한다. 거기에 독서단원까지 얹어졌으니 한 해의 국어 교육과정을 재구성하지 않는 이상, 이를 모두 해내기는 역부족이다.

"저는 올해 5학년 가르치면서 국어수업이, 진도가 너무 많아서 힘들었어요. 5학년은 독서 빼고, 10단원 있고 6학년은 9단원까지 있더라고요. 교육과정이 1학기에 5개월이라고 봤을 때 대략 20주, 근데 10단원이면 2주에 1단원씩 끝내야 한다는 얘긴데…. 그러니까 진도가 엄청 바빴어요. 재구성을 하지 않으면 독서 수업을 할 수가 없었어요. 불가능했었어요. 그러니까 독서 단원을 넣었으면 나머지 교육과정 양을 줄여야 한다고 생각하는데, 원래 있던 건 그대로 내버려 두고. 교사로서의 부담감이 가중된 상태여서, 국어수업에 대한 열정이나 열의가 없는 교사라면 일단은 독서 수업부터 스킵(skip)하겠다는 생각이 들었어요. 그럴 수 밖에 없게 교육과정을 구성해놓았어요."[5]

이 교사는 국어교과에 관심이 많고 학생들과 꾸준히 온작품 읽기나 다른 교육적 시도를 해오고 있는 교사이다. 이 교사조차 이러한 고백을 하는 것은 다른 교사들은 진도의 압박 때문에 좋은 교육적 시도를 엄두도 내지 못할 것이라는 추측을 할 수 있다. 해야 하는 것들이 산적한 상황에서 새로 도입된 독서단원은 명확하게 지식적 기능을 담고 있지 않기 때문에 그냥 '스킵[skip]'할 수 있는 소지가 충분하다는 것이다. 실제로 현장의 교사들은 독서단원을 하지 않고 넘어가거나 간단하게 한두 차시로 설명하고 지나치는 경우가 많다고 고백하고 있다.[6]

둘째, 독서단원의 구성 문제이다. 현재 독서단원은 '읽기 전, 읽는 중, 읽기 후'단계로 제시되어 있다. 아래 표는 독서 단원의 구성이다. 읽기 전 단계에서는 책을 정하는 방법과 읽는 방법을 정하고 책을 선정한 후, 표지를 보고 내용 예상하기 활동을 한다. 읽는 중에는 자신의 경험과 관련지어 책을 읽고 읽은 후, 내용 간추리기와 생각을 나누면서 정리한다. 활동 중심의 단계 설정이다. 책을 읽기 전이나 읽고 나서 하는 활동 중심의 내용들은 이미 교사들이 충분히 경험하였다. 아침 독서 운동이나 독후 활동으로 해 온 독서교육 프로그램과 큰 차이가 없기 때문이다.

교사들과 학생들에게 중요한 것은 어떻게 작품을 접하느냐이다. 교과서 외의 작품을 정해서 한 학기에 한권을 꾸역꾸역 읽는 것이 중요한 것이 아니다. 짧은 그림책 한 권을 읽더라도, 교과서 혹 시 한 편을

<교과서 독서단원 예시>

단원명: 책을 읽고 생각을 나누어요

1) 읽을 책을 정하고 내용 예상하기

　① 읽을 책 정하기

　② 표지와 그림을 살펴보고 내용 예상하기

2) 자신의 경험과 관련지어 책 읽기

　① 읽기 방법 정하기

　② 경험과 관련지어 책 읽기

3) 책 내용을 간추리고 생각 나누기

　① 책 내용 간추리기

　② 생각 나누기

　③ 정리하기

읽더라도 그것을 깊게 제대로 읽을 수 있는가하는 문제이다. 학생들이 내용을 이해하고 작품의 세계 속으로 들어가도록 하기 위한 이야기는 부재한 채, 기존의 활동들을 나열하는 것은 교사들이 독서 단원을 외면하게 하는 현상을 조장한다.

교육과정 총론에는 한 학기 한권읽기의 목적과 취지, 기대하는 효과로 학생들이 자신의 생각을 나누고 글로 표현하는 능력을 추구한다. 그래서 글을 읽고 표현하는 역량이 함양된 학생들은 '평생 독자'로 성장하는 것을 지향한다. 그러나 작품을 읽고 자신의 생각을 표현하는 능력은 그 텍스트를 깊이 있었을 때에만 할 수 있는 다음 단계의 역량이다. 텍스트에 기반한 생각을 말하고 타인과 그것을 나누며 재구성할 때에 자신만의 글을 쓸 수 있다. 그리하여 마침내 학생들은 다음 작품으로 학습의 '전이'가 일어나게 된다. 교육과정에서 추구하는 '평생독자'가 되는 것이다. 그것은 나무가 뿌리를 내리고 가지를 뻗듯이 성장하는 과정이다. 교사들과 학생들이 좀 더 여유롭게 교육과정을 바라보고 작품을 바라볼 수 있을 때에 깊이 읽기는 이루어질 수 있다.

교사들이 교육과정을 공부하고 노력하는 개인적인 연구는 기본이지만, 교육과정 자체가 통합, 연계되어 이루어진다면 교사들의 공부에 기동력이 될 것이다. 성취기준을 중심으로 교육과정을 재구성해야 한다는 당위와 책무를 교사들의 어깨 위에만 지워선 안 될 것이다.

교육과정을 가이드라인으로 간소화하고 교사들이 가르쳐야 할 내용과 학생들이 배워야 할 내용이 더 자세하게 제시되어야 한다. 어떻게 학생들과 교육의 내용을 채워가야 하는지 고민해야 한다. 교사들과 학생들이 더 잘 가르칠 수 있도록 연구자와 교사의 공부가 함께할 때, 교사도 학생도 여유를 찾으면서 함께 성장할 수 있기 때문이다.

온작품 읽기에 딱 맞는 책?

- 온작품 읽기의 작품 선정 기준 -

어떤 책을 선택할 것인가에 대한 고민

교사가 전문가로서 온작품 수업에 대한 전문성을 갖는다는 것은 어떤 작품을 선정하는가에 대한 문제와 긴밀하게 맞닿아 있다. 또한 좋은 작품을 선정하기 위해서는 첫째, 교육과정 성취수준에 대한 이해를 충분히 하고 있다는 것, 둘째, 학생의 발달단계를 이해하고 있다는 것, 셋째, 작품의 예술성과 심미성을 고려해야 한다는 것이다.

먼저 교육과정을 이해한다는 것은 교육과정에 대한 커다란 그림을 그릴 줄 안다는 것이다. 교육과정 성취수준이 갖고 있는 함의를 이해하고 그것이 교과서에 어떻게 구현되어 있는지를 살펴보아야 한다. 그래서 전문가 교사는 학생들이 배워야 하는 지식과 개념이 한 장의 지도와 같이 머릿속에 구조화되어야 한다. 아무리 흥미로운 책이고 유명한 책이라도 학생들이 배워야 할 것과 상응하지 않는다면, 그것은 무용지물無用之物이 되거나 교사의 기대와는 다른 학습 결과를 낳을 수 있다. 무조건 실천한다고 의미가 있는 것은 아니다. 모든 경험이 경험하지 않은 것보다 낫다는 생각은 학생의 학습시간을 낭비할 수 있다. 교사는 유의미한 경험이 무엇인지, 그것을 위하여 학생이 꼭 배워야 할 것, 교사가 가르쳐야 할 것을 학생의 경험과 연결 지을지 민감하게 반응하는 촉수를 가다듬어야 한다.

또한 두 번째로 전문가 교사는 학생들을 깊게 이해하기 위해서 아동발달에 대해 이해해야 한다. '매슬로우Maslow의 욕구단계'[7]나 '발도르프의 아동 발달 단계'[8]는 아동의 발달 단계를 큰 범주 안에서 바라보고 있으므로 현재 학교 학생들의 발달 수준과 함께 견주어 중심 틀을 구축하는 데 도움을 준다.

국내에서는 염은열(2003)[9]이 문학 교육에서 학습자의 발달단계를 연구한 바 있다. 학습자의 발달단계를 '수준'이라 부르면서 연구자나 교사의 경험치에 의한 단계와 구체적 경험에서 추상화로 나아가는 논리적 단계를 설정하였다. 서천석[10]은 그림책을 통하여 아이 발달에 맞는 발달과제를 제안함으로써 학년별, 학령별 구분의 한계에 갇히지 않고 폭넓고 따뜻한 시선으로 아이 발달에 대한 해법과 이해의 범주를 제시하였다.

그러나 이러한 선행연구를 우리 학급의 학생들과 적용하여 살펴볼 때에도 그것이 현실의 상황과 맥락에 맞는지 잘 이해해야 한다. 우리 학생들의 상황과 지역의 조건 등을 고려하여 학생들이 어떤 언어를 이해하고 무엇을 어려워하는지 발견하는 관찰의 순간이 중요하다.

학습자의 발달 단계에 따른 선행 연구를 어느 한 연구만 편향적으로 보는 것은 자칫 위험하다. 염은열(2003) 또한 학습자의 단계는 학습자의 반응을 지속적으로 확인하여 내용 항목을 조정하는 작업을 수행해야 한다고 하였다. 또한 가장 이상적인 것은 학생 개개인의 발달과 특성을 고려하는 것이나 이는 불특정 여러 학습자를 대상으로 하는 교육 현장에서 현실적으로 어려우므로 경험을 추상화하는 과정에서 연구자들은 끊임없이 구체적인 학습자의 특성에서 벗어나지 않으려 노력해야 한다고 하였다. 교사는 의미 있는 연구들을 다양하게 포용하여 현재 학습자의 발달에 따라 호환적으로 참고해야 하며 연구자들은 학습자의 발달에 대한 보다 체계적이고 일반적인 연구가 필요하다.

　이를 디딤돌로 삼아 학습자를 이해하고 그들의 성장을 위한 거름으로 사용해야 할 것이다. 그럴 때만이 이러한 선행 연구들이 어떤 문학 작품을 읽어야 하는지 고민하고 공부할 수 있는 징검다리가 되어줄 것이다.

　마지막으로 어떤 작품을 선정 하는가 하는 문제는 이제 교사들이 직접 뛰어들어 부딪쳐야 하는 그들이 풀어야 하는 문제이다. 앞서 논의한 교육과정과 아동발달에 대한 문제는 기존에 나와 있는 연구나 자료들을 검토해 보거나 전문가의 도움을 받을 수 있다. 그러나 교재를 선정하는 문제는 현장 교사들의 충분한 이야기가 필요하다.

　먼저 교육과정에서 학년별 필수 지식과 개념을 추출해야 한다. 그리고 아동의 경험과 맞닿아 있는 작품, 즉 아동이 몰입하여 주인공 되기가 가능한 작품인지 고민해야 한다. 작품이 말놀이가 살아있어서 언어의 다양한 표현력을 신장할 수 있는가, 또는 주제의식이 표면화 되어 자칫 도덕적 당위성이나 교훈적인 흐름으로 치우치진 않은지 점검하는 과정을 거쳐야 한다. 좋은 작품은 그 주제의식이 지나치게 명시적으로 드러나 있지 않으며 삶의 의미를 되새길 수 있는 다양한 주제를 암시적으로 내포하고 있다. 즉 우리네의 다양한 삶의 모습을 투영하고 있는 작품이 좋은 작품이다. 이러한 기준들이 온작품 읽기를 할 만한 좋은 작품의 척도가 될 것이다.

좋은 작품을 선정할 때 문학 작품을 보는 안목과 역량이 있는 교사는 혼자서도 충분히 할 수 있다. 그러나 좋은 작품을 선정하여 읽고 그 내용을 학년에서 프리젠테이션을 하는 과정을 통해 작품 선정 이유를 공유하고 함께 선정하는 방식을 택해 보는 것도 학교 내 공동체성을 회복한다는 면과 온작품 읽기의 확산 가능성이라는 면에서 매우 의미가 있겠다. 교사가 온작품 읽기의 전문가로서 성장하는 과정은 반드시 필요하며 유의미하다. 그동안 기존의 온작품 읽기를 해 온 교사들의 추천 도서 목록을 살펴보고 참고하는 것도 좋지만 당사자인 교사가 직접 서점에 가고 인터넷 사이트를 뒤지며 우리 반 학생들의 수준에 맞는 책을 골라보고 고민하는 과정이 필요하다. 이는 교사를 전문가로 성장하게끔 하는 일종의 훈련이기도 하다.

———— 열여섯 ————

교사가 주인공이 되는
수업이란 무대

핀란드 학교 교육에 숨겨진 열쇠 하나

얼마 전, 〈수업을 바꿔라〉[11]라는 텔레비전 프로그램에서 아주 흥미로운 핀란드 국어 수업 장면을 보았다. 온작품을 읽고 자신의 생각을 한 문장으로 쓴 뒤, 친구의 생각에 대해 자신의 의견과 근거를 표현하는 수업이었다.

그 수업의 흐름은 다음과 같았다. 첫 번째 단계는 주어진 온작품을 읽고, 학생이 자신의 생각이나 의견을 한 문장으로 표현하기이다. 그리고 두 번째 단계는 교사가 한 학생의 주장을 읽어 주면, 나머지 학생들은 그 주장에 대해 찬성, 반대, 의견 없음으로 이동하기이다. 세 번째 단계는 학생 각자가 선택한 찬성, 반대, 또는 의견 없음에 대해 교사와 인터뷰하기이다.

tvN 〈수업을 바꿔라〉, 핀란드 편, 3학년 국어 수업 장면

처음 이 수업을 보았을 때에는 초등학교 3학년 학생들이 근거를 들어 자신의 의견을 말하는 활동 내용이 주목을 끌었다. 그러다가 문득 이러한 독서 토론 수업을 가능하게 하는 핀란드 학교 교육의 토대가 궁금해졌다. 핀란드는 우리가 알고 있듯이 교육 선진국이다. PISA[12] 테스트 결과, 우리나라 학생들과 핀란드 학생들의 학업 성취는 비슷하게 보이지만, 우리나라 학생들에 비해 공부에 투자하는 시간은 훨씬 적다고 한다.[13] 핀란드 아이들은 사교육을 받지 않고 학업 성취는 높으면서 행복하다고 말한다. 핀란드 학교 교육에 그 열쇠가 숨겨져 있다는 이야기이다.

교사의 자율성이 보장된 핀란드 교육과정

〈표1〉[14]은 2015년 핀란드의 〈국어와 문학〉 교과의 학습목표와 핵심 내용, 학업성취도 수준이다. 핀란드는 1921년부터 의무교육을 도입하고 지금까지 국가수준 교육과정을 채택하고 있다는 점에서 우리나라와

유사하다. 또한 현재 우리나라의 2015개정 교육과정에서 강조하고 있는 성취기준과 핀란드의 학업성취도 수준은 같은 개념으로 보인다.

그러나 〈표1〉을 자세히 보면, 우선, 핀란드 〈국어와 문학〉 교육과정은 1~2학년, 3~5학년, 6~9학년이 학년군^{學年群}으로 묶여 있음을 알 수 있다. 또한 핵심 내용인 '상호작용 능력'과 '읽기와 쓰기 능력', 그리고 '문학과 언어'가 학년군에 따라 반복되어 전개되되, 학습 목표와 학업 성취도 수준에 따라 나선형^{螺旋形}으로 전개되어 가는 것도 알 수 있다. 텍스트를 처리하는 과정과 능력 역시, 수용하는 측면에서 점차 생산하고 활용하는 측면으로 나아가도록 짜여 있음도 알 수 있다.

핀란드 〈국어와 문학〉 교육과정은 우리나라의 〈국어과 교육과정〉과 큰 차이가 있다. 우리나라의 성취기준은 각 영역별(말하기·듣기, 읽기, 쓰기, 문학, 문법), 학년별로 각각 세분화되어 있는 반면, 핀란드의 학업 성취도 수준은 가이드라인 형태로 간결하고 명확하게 진술되어 있다. 그리고 장기간에 걸쳐 학년군으로 연계되어 학생들이 배워야 할 최소한의 학습 목표와 핵심 내용, 학업성취도 수준만 제시하고 있다.

한 마디로 정리하면 핀란드 〈국어와 문학〉 교육과정의 특징은 '간결성', '명료성', '지속적 반복성'이라고 할 수 있다. 그런데 주목할 점은 이러한 특징이 교사에게 '수업의 자율성'을 부여한다는 것이다. 즉 교육과정의 재구성 권한뿐만 아니라, 교재의 선택권 등 학생을 교육할 권리 대부분을 교사에게 위임하고 있다. 물론 핀란드에도 우리나라 〈국어〉와 같은 교과서^{텍스트}가 있다. 하지만 핀란드 국어 교사는 교과서 이외의 다양한 텍스트도 수업 시간에 마음껏 활용이 가능하다.

정혜승·서수현(2016)[15]은 핀란드 교사들은 인쇄 매체에 기반한 문자

학년 군	학습 목표	핵심 내용	학업성취도 수준
1~2학년	• 학생의 상호작용 기능의 증가 • 읽기 · 쓰기 능력의 개발 • 문학과 언어 관계의 구체화	• 상호작용 능력 • 읽기와 쓰기 • 문학과 언어	• 상호작용 기능 발달 • 읽기와 쓰기 능력 개발 • 문학과 언어의 관계 구체화
3~5학년	• 상호작용 기술의 증진 • 다양한 텍스트의 해석 능력과 활용 능력 개발 • 글을 창작하고 다양한 목적으로 활용하는 능력 개발 • 언어, 문학, 타문화와의 관계 심화	• 상호작용 능력 • 텍스트의 이해 • 작문과 발표 준비 • 정보 처리 능력 • 언어의 구조 • 문학 서적과 기타 작품	• 학생의 상호 작용 능력 개발 • 다양한 글을 해석하고 활용하는 능력 개발 • 글을 쓰고 여러 가지 목적으로 그 글을 활용하는 능력 개발 • 언어, 문학, 타문화와의 관계 발달
6~9학년	• 상호작용 능력 증진 • 다양한 글을 해석하고 활용하는 능력의 발달 • 다양한 목적에 맞추어 텍스트를 생산하고 활용하는 능력 • 언어, 문학, 타문화와의 관계 심화	• 상호작용 능력 • 텍스트의 이해 • 작문과 발표 준비 • 정보 관리리 능력 • 언어, 문학, 타문화와의 관계 발달	• 상호작용 능력 발달 • 다양한 텍스트를 해석하고 활용하는 능력 발달 • 다양한 목적에 맞추어 텍스트를 생산하고 활용하는 능력의 발달 • 언어, 문학, 타문화와의 관계 발달

교과서^{텍스트} 뿐 아니라 디지털 매체 텍스트에 기반한 교과서 외 텍스트를 활용함으로써 학생들이 보다 폭넓은 언어 경험을 할 수 있도록 도와준다고 하였다. 신문기사나 영화, 그림, 사진, 영상, 광고와 같은 다양한 텍스트는 교과서 틀에만 갇혀 있는 고정된 텍스트가 아닌, 살아 생동하는 일상생활 속에서의 텍스트를 활용하는 언어적 감수성을 키워 줄 수 있다.

〈수업을 바꿔라〉 프로그램에서도 핀란드 초등학교 4학년 학생들이 스마트 폰을 활용하여 '동사^{動詞}'에 대한 영상을 찍고 발표하는 국어 수업 장면을 볼 수 있다. 핀란드 〈국어와 문학〉 교과의 3~5학년 핵심 내용을 보면, '문학 서적과 기타 작품'을 학습하도록 되어 있으며 6~9학년의 핵심 내용에서는 '언어, 문학, 타 문학과의 관계'를 파악하게끔 되어 있다. 즉, 전체 학년을 대상으로 교육과정을 장기간 학년군으로, 그리고 나선형으로 운영하면서 교사가 지정하는 온작품을 수업시간에 적극적으로 활용할 수 있게 보장해 주고 있다. 교육과정의 단순함과 교사의 자율성이 선순환적으로 작동됨으로 인하여 온작품 읽기 수업은 더욱 다채로워지고 학습 목표와 핵심 내용, 그리고 학업성취도 수준이라는 세 마리 토끼를 정해진 학년군 기간 안에 보다 효율적으로 포획할 수 있게 된 셈이다. 핀란드 아이들이 굳이 사교육을 받지 않아도 되는 중요한 근거로 보이기도 한다.

교사의 자율성(自律性)을 시험하는 무대

교사의 전문성 중 하나는 수업 설계와 실행의 연속성에 있다. 하지만 우리나라는 여전히 설계와 실행이 단절된 단 하나의 텍스트에 갇힌 수업을 하고 있다. 즉, 수업 설계는 교과서나 지도서에 이미 제시되어 있고, 그 절차에 따라 수업을 실행하고 있는 형국이다.

학생의 발달 단계에 맞게, 그리고 상황 맥락에 맞게 수업을 하기 위해서는 때로는 교과서^{텍스트}를 과감하게 해체하는 작업이나 더하는 작업, 때로는 〈죽은 시인의 사회〉[16]처럼 교과서를 과감하게 찢어 버려 교과서보다 더 좋은 텍스트를 만드는 작업도 필요하다. 그러나 우리나

좌 | 피터 위어 감독, 〈죽은 시인의 사회〉, 1990 영화 포스터
우 | 영화에서 학생들이 책을 찢는 장면

라의 경우, 수업의 모든 흐름이 교과서나 지도서에 이미 주어져 있기 때문에, 교사가 자발적으로 온작품을 즐겨 읽고, 다양한 교수학적 변환[17]을 시도하는 그러한 수고를 군이 감수할 필요가 없다. 그 결과, 수업을 창의적으로 재구성하거나, 그에 맞추어 평가를 수행하는 반성적 실천가가 아니라, 교과서나 지도서 내용을 알차게 전달하는 그런 이송적移送的 · 기능적技能的 역할을 하며 안주해 왔다.

이 점에서 온작품 읽기 수업은 교사 자율성을 시험하는 새로운 무대가 될 수 있다. 온작품 수업은 교사의 자율적 수업 설계와 실행, 그리고 성찰을 통해 교육의 본질을 회복하고, 수업 전문성을 추구할 교사 학습의 장이 될 수 있으며, 반성적 실천가로 거듭나게 할 발판이 될 수 있다.

그런데 제도권에서는 교사에게 수업 자율성이 주어지면 학교 교육 시스템의 안전망이 붕괴될지도 모른다는 우려를 한다. 그래서 상급 교육 기관은 학교를, 학교 관리자는 교사를, 교사는 학생을 통제하는 방식으로 '교육권력 시스템'[18]을 작동시키고 유지해 왔다. 통제와 지시 체제, 학교 규칙은 당장은 효과가 있는 듯하지만, 그 역효과도 만만치 않다. 마치 바람이 가득 찬 풍선 한쪽을 꾹 누르면 약한 쪽이 마침내 터져 버리는 것처럼, 교과서 체제의 통일과 표준화된 수업 지도안 등은 개별성, 자율성, 다양성을 추구하는 오늘날 한국의 교육 현장과 괴리를 보이며, '오작동誤作動'을 일으키기 시작했다.

정해진 대로, 시키는 대로 하는 노예의 삶은 어쩌면 편안할 수 있다. 주인이 되고 주체가 되는 삶이란 해야 할 것들과 감당해야 할 것들이 많아져 부담스럽고 불안하다. 하지만 이것은 수영을 못하는 사람이 물에서 놀아야 한다고 권유 당했을 때 느끼는 공포와 비슷하다. 물에 익숙해지고 수영 방법을 배우기 전에는 이러저러한 핑계를 둘러대며 물을 꺼리게 되지만, 물의 특성과 재미를 느끼고 수영을 할 줄 알게 되면 내가 언제 그랬냐는 듯, 물에서 있는 시간을 가장 편안하고 즐거워한다. 힘들고 어려운 고비를 만나 넘어지고 일어서기를 반복하다 보면, 물이란 세계와 마침내 친구가 되는 것이다.

교사의 자율성도 마찬가지다. 교과서 진도 나가는 식에 길들여진 교사는 자율적인 수업을 시도하는 것 자체가 매우 힘든 일이다. 하지만 온작품 읽기 수업은 새롭게 도전해 볼 가치가 충분히 있다. 온작품은 학생들이 가장 재미있어 하고, 학생들과 함께 읽기 좋은 텍스트다. 그리고 학생들의 수업 몰입도도 높고, 천천히 음미하면서 함께 읽을수록 그 교육적인 의미와 효과도 강력하게 발생하는 그런 성격을 지니고 있다. 따라서 교사가 먼저 온작품과 '친구'가 되어 그 친구의 마음을 읽고, 그 친구와 대화하는 법을 배워야 한다. 그래야 온작품으로 수업을 할 때, 생겨나는 두려움과 당혹감을 너끈히 이길 수 있다.

교사의 책무성(責務性)을 시험하는 무대

2019년 11월, 전북교육청에서 '교사 교육과정'을 주제로 한 세미나를 개최하였다.[19] 교사들의 자율성과 지역 학생들의 실정과 수준에 맞는 교육과정을 구성하고 실행하고자 한 이 연구는, 학교의 자율권 20%라는 기존의 틀에서 한 발 나아가 학교 교과목이라는 틀을 구체화한 것이다. 교사들의 전문성은 수업으로부터 출발하지만, '교사 교육과정'이 아닌 수업은 '사상누각沙上樓閣'이 될 가능성이 높다.

현장 교사가 중심이 되어 만든 '교사 교육과정'의 연구 주제를 간단히 소개하면 다음과 같다.

〈표 2〉 교사+ 교육과정 및 학교 교과목 개발 연구 목록[20]

교수	교사	연구(개발) 제목	비고
서현석	신수연	훈민정음 제자 원리와 감성적 교육 방법으로 다함께 배우는 1학년 1학기 한글교육과정	
	장효진	감성을 일깨우는 저학년 시 교육과정	
	홍인재	초등 학습자의 언어 발달 단계에 따른 문자 학습 교육과정	
	형도경	대강화된 교육과정을 기반으로 하는 탄탄한 우리 말글 교육과정	

〈표 2〉는 현장 교사 중심으로 국어과 교사 교육과정 및 학교 교과목을 개발한 사례 중 일부이다. 이 '교사 교육과정'은 저학년 한글 교육에 초점을 두고, 한 학기나 일 년, 혹은 학년군을 단위로 묶은 점, 그리고 학생들의 언어 발달 단계에 초점을 두고, 감성적 교육 방법을 시도한 점이 돋보인다. 그러나 무엇보다 주목할 점은 현장 교사가 저학년 교육과정 개발에 주체가 되어, 적극적으로 나선 점이다. 또 핀란드의 교육과정과 같은 '간결성'과 '명료성', 그리고 '지속적 반복성'이라는 가이

드라인이 없음에도 교사의 자율성을 확보하기 위해 고군분투한 노력이 돋보인다. 물론, 이러한 시도가 모든 교사를 위한 것이기보다 아직은 특별한 몇몇의 교사들의 도전 안에 갇힐 가능성도 있지만, 시간을 두고 이러한 경험의 의미와 한계를 냉정하게 이야기하고 진일보하는 담론의 장이 마련되어 학습자에게 필요한 알맹이를 교육과정 안에 담아낼 수 있다면 혁신적인 교육과정이 될 수 있으리라 기대한다.

교사의 자율성은 책무성accountability과 밀접한 관련이 있다. 교사의 책무성은 도덕적인 개념인 책임감responsibility과 몇 가지 점에서 그 성격을 달리한다. 우선 교사의 책무성은 투자 대비 효과를 검증하는, 경제적인 개념이다. 말하자면 지속적인 전문성 개발과 훈련의 효과 등에 대한 계산 가능성countability이다. 여기서는 교사에게 허용된 '자율성'이 투자가 되며, 그래서 얻게 되는 '그 무엇'이 대비 효과에 해당한다. 교사에게 허용된 자유 또는 자율이 교육적인 효과로 검증되어야 한다. 말하자면 교사의 책무성은 교사의 자율성과 짝을 맺는 교육경제학적인 개념이다. 교사에게 수업의 자율성이 주어지면, 교사 스스로 '그 무엇인가'를 개발하는 과정에 반드시 참여해야 하고, '모종의 결과물'(교사 교육과정)을 생산해 내야 하는 혹독한 대가代價를 치러야 한다는 의미이다.

교사의 또 다른 책무성은 가르칠 내용의 '교수학적 변환didactical transposition'[21]을 위한 노력이다.

"교사는 역사적 흔적이 제거된 채 교과서에 실려 있는 지식의 생성 과정을 알 필요가 있다. 또한 교사는 그 지식의 개념과 속성을 활동의 그 물망 속에 넣어 가르쳐야 한다. 즉 그 지식의 개념과 속성의 기원, 의미, 동기, 사용을 가르치는 과정에 정통해야 한다. 교실 맥락 속에서 교사가 하는 이러한 활동을 인식론자들은 '교수학적 변환'이라고 한다 (Brousseaus, 1997:21).[22] 이는 교사로 하여금 지식을 '가르치는 과정'과 '아는 과정'이 분명한 차이를 지니고 있으며, 교사로 하여금 그 과정을 지식의 변형이라는 측면에서 탐구할 필요가 있음을 인식하게 해 준다."

(심영택, 2002)

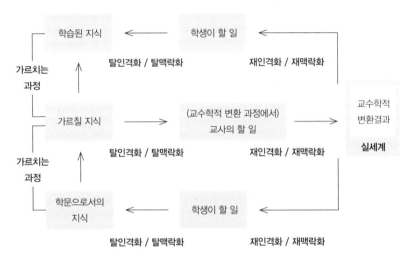

〈교수학적 변환의 도식〉

프랑스 수학교육자인 쉐바야르[Chevallard]가 80년대 초반부터 주창하여 발전시킨 이 개념의 특징은 다음과 같다. 그는 말하는 학문적 지식은 교육 내용으로 재구성되기 이전의 학자들이 연구한 지식을 의미하며, 가르칠 지식은 교육 내용으로 선정되어 교사들이 재조직한 지식을 의미하며, 가르친 지식(학습된 지식)은 교육이 이루어진 후에 학생들의 머릿속에서 구성되는 지식을 의미한다.[23]

"교사는 교육과정이나 교과서에 실린 가르칠 지식을 접하게 된다. 이 지식은 학문적 지식 중 일부로 교과의 성격과 목표에 따라 선택된 것이며, 학자들의 인격적인 그리고 맥락화된 경험이 생략된 채 주어진 것이다. 교사가 하는 일은 학자가 하는 일과 반대가 되는, 즉 가르칠 지식을 교실 상황에 맞게 교수학적 변환을 거쳐 재맥락화하고(recotextualize), 재인격화하는(repersonalize) 일을 한다. 교사는 가르칠 지식을 교수학적으로 변환하면서 다음과 같은 두 단계의 일을 해야 한다. 첫 단계는 형식화된 지식의 풍부한 의미를 살려내는 상황을 구성하는 것이며, 두 번째 단계는 풍부하게 살아난 의미를 효과적으로 저장할 수 있는 표현 모색 상황을 제공하는 것이다(이경화, 1996:205). 결국 교사가 해야 할 일은 학생이 살고 있는 상황을 제시하고, 제안된 문제를 가장 잘 해결할 수 있게 가르칠 지식이 최적의 형태로 나타나는 상황을 제시하는 것이다."(심영택, 2002)

온작품 읽기 수업은 한편으로 교사의 자율성[自律性]을 시험하는 무대가 되고, 다른 한편으로는 교사의 책무성[責務性]을 시험하는 무대가 된다. 그 무대의 주인공은 교육학자나 교과교육 전문가도 아닌, 온작품 그 자체를 사랑하는 현장 교사들이다. 그 수업 공연 무대에 서는 것도 교사의 자유다. 하지만 그 무대를 성공적으로 마무리하기 위해서는 무한한 책무성이 교사에게 요구된다는 점을 반드시 명심해야 한다. 핀란드 교사처럼 자유롭지만 책무성을 지닌 영혼으로, 학생들에게 온작품을 가르치는 무대 주인공들을 기다리며.

온작품 vs 교과서 (I) :
교과서와 교육과정 깊이 읽기[24]

온작품과 교과서의 연계 실태

"지식과 기능은 이후에 이루어질 배움이나 독서 활동의 기반이 된다. 따라서 교과서나 교육과정의 성취기준을 염두에 두고 온작품을 중심으로 하더라도 교과서를 던져 버리는 것에 대해서는 신중을 기해야 한다. 어떤 것이든 100퍼센트 잘못되거나 100퍼센트 완벽한 것은 없다. 그동안은 교과서를 너무 100퍼센트 맹신했다. 교과서 속 작은 조각글로 제시된 교육 목표나 성취기준들이 맥락이 없다는 한계 때문에 문제 제기를 하게 된 것이지, 교과서를 아예 던져 버릴 일은 아니다. 하지만 교과서를 그대로 따라가며 거기에 온작품을 더 얹는 것은 아이들에게 엄청난 부담이다. 오히려 온작품을 하지 않는 것만 못할 수도 있다. 따

라서 주요 텍스트를 온작품으로 하되 교육과정과 교과서의 성취기준,
학습목표를 어떤 장면에서 재구성할지 짜야 한다."[25]

온작품 읽기 수업을 하는 교사라면 교과서와 온작품을 어떻게 조화
롭게 배치할지 수업을 실행하면서 고민하게 된다. 교과서와 온작품은
정말 '잘못된 만남'일까? 교사는 어떤 방법을 취해야 할까?

다음은 온작품으로 수업할 때 교과서를 어떻게 연계하는지에 대한
설문조사 결과이다(노미란 외 6명, 2019)[26]. 조사에 응한 35.9%의 교사들
은 교과서를 배제한 채 온작품으로만 수업을 하고 있으며, 30.4%의 교
사들은 온작품을 주 자료로 사용하고 교과서를 보조 자료로 사용한다
고 대답하였다. 대다수 교사들이 온작품 읽기 수업에 있어서 국어 교과
서의 가치나 효용에 대해 큰 의미를 찾지 못하고 있는 것으로 보인다.

〈표 1〉 응답 교사의 교과서 연계성 방법 분포

구분	국어교과서 주자료 + 책보조 자료	국어교과서 보조자료 + 책 주자료	국어교과서 배제 + 책 중심	전체교과서 보조 자료 + 책 주 자료	계
인원(명)	31	56	66	31	184
(&)	(16.8)	(30.4)	(35.9)	(16.8)	(100)

[그림 1] 응답 교사의 교과서 연계성 방법 분포 그래프

하지만 어떤 방법을 선택하든 그 종착지는 '학생의 학문적 성장과 사회·정서적 발달'[27]이 되어야 함은 온당하다. 그 종착점을 찾기 위해서 온작품과 교과서가 만나는 방법을 세 가지로 정리해 보면 다음과 같다.

온작품과 교과서 연계 방안: 유형①

[유형①]

국어 교과서	온작품

[유형①]은 교과서와 온작품을 단순히 병렬하는 경우이다. 교사는 제시된 교과서와 온작품을 차시대로 수업을 하면 되므로 시간과 에너지를 절약할 수 있다. 또한 교과서를 어느 정도 학습하고 온작품 읽기를 하게 되는 경우, 비문학 영역과 문학 영역까지 교육과정을 충실하게 이수할 수 있다는 장점이 있다. 그러나 이 경우에 교사는 교과서와 온작품을 모두 해야 하는 '진도의 늪'에 빠져 학생 개개인을 살펴줄 여유를 찾지 못한다. 또한 온작품과 교과서 작품 간의 연계성 부족으로 문항과 활동, 절차까지 복잡한 수업을 하게 된다.

교과서 활동은 대개 '텍스트 본문 읽기 → 본문 내용 확인하기 → 성취기준에 따른 내용 정리하기 → 성취기준에 따른 활동하기' 단계로 구성되어 있다. 이러한 단계에 따라 교과서 제재와 온작품을 한정된 수업 시간 안에 모두 다루게 되면, 교사뿐 아니라 학생에게도 학습량의 과부하過負荷가 발생하게 된다. 비유적으로 표현하자면 '게도 잃고, 구럭도 잃는' 그런 수업을 하기가 쉽다. 뿐만 아니라 두 제재 간에 연계성 부족으로 인해, 학생들은 온작품으로 수업을 하는 이유나 교과서 제재로 수업을 하는 이유에 대해 반문을 던질 수 있다.

온작품과 교과서 연계 방안: 유형②

[유형②]

국어 교과서 (X)	온작품

[유형②]는 교과서를 배제한 채, 온작품만으로 수업하는 경우이다. 이는 시간에 구애받지 않고 온작품을 다양한 관점에서 그리고 충분히 심도 있게 다룰 수 있게 해 준다. 또 형해화形骸化된 교과서 제재가 주는 무미건조함을 탈피하게 해 주며, 고정된 교과서 활동 절차가 주는 언어적 기능의 반복을 과감하게 탈피하게 해 준다.

물론 단점도 있다. 학생들이 반드시 배워야 하는 핵심 개념이나 언어적 사고 기능을 자칫 놓치기 쉽다. 그래서 학문적 성장에 지장을 초래할 수도 있다. 수업의 무미건조함과 학습에 대한 인지적 부담을 다소 벗어나게 하지만, 자칫 학습 결손을 초래할 수 있다는 것이다. 최근 체험 위주 활동형 수업, 주제 통합 프로젝트 수업으로 인한 학력저하, 학습결손의 문제는 온작품 수업에서도 냉철하게 그리고 객관적으로 재점검해야 할 부분이다.[28]

온작품과 교과서 연계 방안: 유형③

[유형③] 국어 교과서+온작품		융합 1	융합 2		

[유형③]은 교과서와 온작품을 융합하여 때로는 교과서 작품을 온작품 속으로 끌어와 활용하기도 하고, 때로는 온작품을 교과서 작품 속으로 끌어와 활용하는 경우이다. 교사는 우선 교과서에 제시되어 있는 유의미한 글들은 무엇인지, 비문학 텍스트나 사진 자료들도 어느 정도 활용 가능한지, 꼼꼼하게 따져 보아야 한다. 핵심적인 판단 기준은 학생들의 논리적·비판적인 사고를 신장시키는 데 도움이 되는지 여부이다. 또한 교사 자신이 구상한 활동이 학생들의 흥미나 재미를 추구하는 것인지, 아니면 교육적인 가치와 의미가 있는 것인지도 냉철하게 판단하여야 한다.

요즘 유행처럼 쓰이는 교육과정 재구성 능력은 교사 전문성을 평가하는 척도로 간주되기도 한다. 2013년 이후, '교육과정 재구성'이라는 제목으로 현장 교사들이 쓴 책들이 쏟아져 나오고 있다.[29] 이는 그 경험을 공유하여, 현장 교사들의 갈증을 해소하고자 하는 시도이다.

그러나 교육과정을 재구성하여 수업을 설계하고 실행하기에 앞서, 교육과정에 등장하는 개념들과 그 체계를 이해하고 해석하는 작업을 먼저 해야 한다. 말하자면 교육과정 문해력 또는 문식성[30]이 급선무이다. 교육과정 문해력curriculum literacy이란 교육과정을 단순하게 이해하는 것에서 나아가 교사가 주체적으로 읽고 쓰고, 교육과정을 활용하여 비판적인 대안을 제시하는 데에까지 이르는 것을 말한다. 비슷한 맥락으로 해석되는 문식성^{literacy} 역시 단순히 글을 해독하는 것을 넘어서서 당대 문화와 시대의 가치를 이해하고 그에 따라 소통하는 수단으로서의 활동까지 의미한다.

교육과정을 지도에, 교과서를 땅에 비유한다면, 교육과정 문해력 또는 문식성은 지도와 땅의 연결 고리를 해석하는 열쇠가 되어, 교육과정을 더 풍부하게 재구성하게 하고, 교과서를 더 자유롭게 해체하게 해 준다. 그리고 온작품은 교육과정에서 요구하는 그러한 지식과 개념을 학생들의 눈높이로 녹여 내는 데, 그리고 교과서 진도 나가기에 급급해 하는 교사에게 심리적인 여유를 제공해 준다. 그래서 온작품으로 만나는 학생 한 명, 한 명이 모두가 소중하며 각기 다름을 교사가 천천히 바라볼 수 있게 해 준다.[31]

온작품 읽기 수업 프로젝트 설계 과정

온작품은 그 자체가 하나의 작품이기 때문에 따로 재구성할 필요가 없다고 생각할 수 있지만, 그것은 초보자들이 범하는 매우 위험한 접근법이자 발상이다. 그래서 온작품으로 읽기 수업 프로젝트를 설계하는 과정과 사례를 소개하면서 그러한 오해나 위험을 사전에 방지하고자 한다. 먼저 프로젝트에 사용된 작품 하나를 소개하면 다음과 같다.

김리리 작가가 쓴 〈화장실에 사는 두꺼비〉는 집에서도 학교에서도 존재감이 없는 준영이가 변비에 걸리면서 이야기가 시작된다. 준영이의 변비는 언제 직장에서 쫓겨날지 모르는 아빠와 마트에서 온종일 피곤하게 일하는 엄마가 준영이에게 과도한 기대를 하면서 생겼다. 그러

김리리, 『화장실에 사는 두꺼비』, 문학동네, 2007년

다가 어느 날, 화장실에서 두꺼비를 만나게 되고, 그 까칠한 두꺼비가 준영이의 소원을 들어주면서 변비가 사라지는 기적을 경험하게 된다.

교사는 먼저 온작품 〈화장실에 사는 두꺼비〉을 꼼꼼하게 읽고, 이 작품의 주제나 내용 등이 교육과정 성취기준과 어떻게 연결되는지, 작품의 어느 부분을 부각시켜 쟁점화하고 초점화해야 할지 탐색해야 한다. 이러한 결과물이 바로 〈온작품 읽기 프로젝트 설계(1)〉이다.

〈온작품 읽기 프로젝트 설계도(1)〉[32]은 2017년도에 ○○초등학교 4학년을 대상으로 구상한 〈화장실에 사는 두꺼비〉[33]이다. 〈설계도(1)〉은 크게 두 부분으로 구성하였다. 하나는 '문학 이해하기'이고, 다른 하나는 '문학 표현하기'이다. '문학 이해하기'는 우선, 온작품('화장실에 사는 두꺼비'을 꼼꼼하게 읽고, 그 내용을 이해하는 것으로 시작하였다. 그 후, 자신의 경험과 연관 짓기 등을 통해 주어진 작품을 더 깊이 있게 이해하는 활동을 하였다. 그리고 이어질 내용을 상상하여 말하기, 상상한 내용 글로 표현하기로 '문학 이해하기'를 마무리하였다.

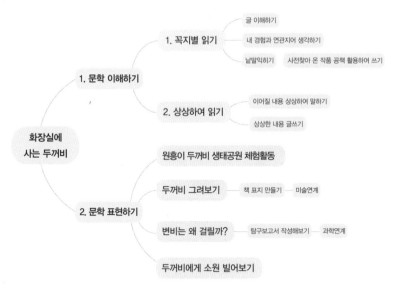

문학 이해하기
1. 문학 이해하기
　　1. 꼭지별 읽기
　　　　글 이해하기
　　　　내 경험과 연관지어 생각하기
　　　　낱말익히기 ─ 사전찾아 온 작품 공책 활용하여 쓰기
　　2. 상상하여 읽기
　　　　이어질 내용 상상하여 말하기
　　　　상상한 내용 글쓰기

화장실에
사는 두꺼비

2. 문학 표현하기
　원흥이 두꺼비 생태공원 체험활동
　두꺼비 그려보기 ─ 책 표지 만들기 ─ 미술연계
　변비는 왜 걸릴까? ─ 탐구보고서 작성해보기 ─ 과학연계
　두꺼비에게 소원 빌어보기

온작품 읽기 프로젝트 설계도 (I)

　　한편 '문학 표현하기'는 온작품에서 만난 '두꺼비'를 학교 주변의 '두
꺼비 생태공원'에서 직접 찾아보는 체험을 하게 하면서 이전에 학습한
내용을 확대·심화하였다. 또한 미술 과목과 연계하여 두꺼비를 그려,
책 표지로 만들기 활동을 하기도 하고, 과학 과목과 연계하여 '변비는
왜 걸릴까?',[34] 하는 탐구 보고서를 작성해 보도록 하였다.

　　〈설계도(I)〉과 같이, 온작품의 주제 및 쟁점 발굴, 초점화 하는 작업
을 할 때, 교사가 고려해야 할 점은 해당 학년 학생들이 반드시 배워야
하는 지식이나 개념, 언어적 사고나 기능과 같은 성취 기준이다. 이러
한 성취 기준을 반영한 것이 〈설계도(II)〉이다.

　　〈설계도(II)〉는 우선 교과서에 제시된 성취기준과 몇 가지 점에서 대
별된다. 교과서 단원은 대부분 〈표2〉와 같이 단원명, 그 단원에서 배울

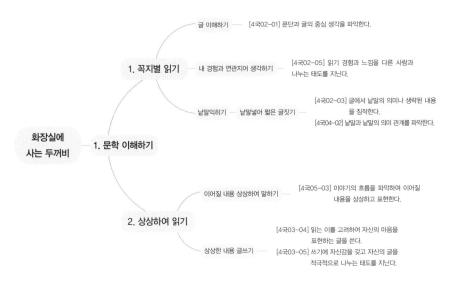

| | | 글 이해하기 | [4국02-01] 문단과 글의 중심 생각을 파악한다. |

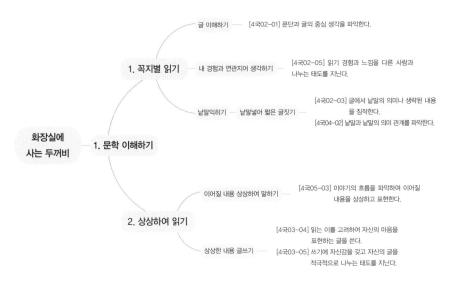

화장실에 사는 두꺼비 — 1. 문학 이해하기

1. 꼭지별 읽기
- 글 이해하기 — [4국02-01] 문단과 글의 중심 생각을 파악한다.
- 내 경험과 연관지어 생각하기 — [4국02-05] 읽기 경험과 느낌을 다른 사람과 나누는 태도를 지닌다.
- 낱말익히기 — 낱말넣어 짧은 글짓기 — [4국02-03] 글에서 낱말의 의미나 생략된 내용을 짐작한다.
[4국04-02] 낱말과 낱말의 의미 관계를 파악한다.

2. 상상하여 읽기
- 이어질 내용 상상하여 말하기 — [4국05-03] 이야기의 흐름을 파악하여 이어질 내용을 상상하고 표현한다.
- 상상한 내용 글쓰기 — [4국03-04] 읽는 이를 고려하여 자신의 마음을 표현하는 글을 쓴다.
[4국03-05] 쓰기에 자신감을 갖고 자신의 글을 적극적으로 나누는 태도를 지닌다.

온작품 읽기 프로젝트 설계도 (Ⅱ)

제재와 핵심 활동, 그리고 국어과 영역에서 추출된 성취 기준 한두 개를 '병렬적으로' 연결한 형식이다.

하지만, 〈설계도(Ⅱ)〉는 〈표2〉과 달리, 온작품을 중심으로 교육과정의 성취기준을 '재배열하고 통합한' 형식이다. 그리고 성취기준의 개수에 있어서도 차이가 난다. 교과서 단원 형식(〈표2〉)는 대부분 성취기준이 2~3개에 불과하다. 하지만 〈설계도(Ⅱ)〉는 국어과 영역 전체에서 성

〈표 2〉 교과서 단원의 구성 형식

| 5. 서로 다른 느낌 (11) | 이야기나 시를 읽고 작품에 대한 생각이나 느낌을 다양하게 표현하기 | 문학(6) 작품을 듣거나 읽거나 보고 느낀 점을 다양한 방식으로 표현한다. |
| | | 듣기·말하기(4) 말차례를 지키면서 바른 태도로 대화를 나눈다. |

취기준을 7개나 추출하였다. 따라서 〈설계도(Ⅰ)〉와 〈설계도(Ⅱ)〉는 교육과정을 재구성할 수 있는 재량권을 교사에게 더 많이 부여해 주며, 교육과정 문해력을 신장하는데 상당한 도움을 준다.[35]

온작품 읽기 프로젝트 결과물 '살짝' 맛보기

〈화장실에 사는 두꺼비〉에서 변비로 고민하는 준영이는 두꺼비와 대화를 나누고 똥을 잘 누기 시작하면서, 늘 피곤한 엄마에게도 두꺼비를 소개해 주고 싶어 한다. 그러나 변기에 있는 두꺼비를 엄마에게 보여주자, 엄마는 두꺼비를 똥으로 착각하여 변기물을 내려 버리고 만다.

두꺼비를 만날 수 없게 된 이 사건을 중심으로, 학생들과 함께 '두꺼비는 과연 진짜 현실일까?'아니면 '두꺼비는 주인공이 만들어낸 환상일까?'라는 주제로 독서 토론을 하고, 글을 쓰게 하였다.

김○○ 학생은 두꺼비가 사실은 준영이의 상상에서 나온 '똥'에 불과하다고, 과학적인 근거를 들어가며 주장하는 글을 썼다(〈예시1〉). 두꺼비는 양서류이기 때문에 피부로 호흡을 하며, 환경에 민감하기에 수챗구멍에서 살 수 없다는 것이다. 문학적 상상력에 과학적 논리가 더욱 풍성하게 뒷받침된 글이다.

서○○ 학생은 두꺼비가 준영이와 진짜 친구가 된 이유를 열두 가지나 제시하였다. 두꺼비가 똥이 아니라, 실재하는 생물이기 때문에 변기에서 나올 수 있었고, 준영이와 함께 놀이도 할 수 있었다고 주장하였다. 〈예시1〉과 〈예시2〉는 초등학교 4학년 학생들도 이러한 프로젝트 형식의 수업을 접하게 되면, 논리적인 근거를 들어가며 독창적인 글을

<화장실에 살 수 없는 두꺼비>

김○○

두꺼비는 존재하지 않고 준영이의 상상이 만들어낸 똥에 불과하다.왜 그렇게 생각하냐면,

첫째, 두꺼비는 화장실에 살 수 없다. 두꺼비는 양서류이기 때문에 물과 물에 살고 두꺼운 껍질을 가진 두꺼비는 물이 아니라 숲에 산다.

둘째, 두꺼비는 피부로 호흡하기 때문이다. 두꺼비는 피부로 호흡하다보니 외부 환경에 매우 민감하다. 민감해서 환경이 오염되면 살지 못한다.

셋째, 두 번째에서 말했던 것과 같이 환경이 오염되면 살지 못하는데 어떻게 그 더러운 오염이 묻은 수챗구멍에서 살 수 있을까? 수챗구멍에서는 나올 수 없는 일이다.

넷째, 두꺼비가 화장실에 살면 두꺼비는 번식을 할 수 없는 노릇이다. 짝짓기는 커녕 알을 낳을 수도 없다. 이럼으로써 두꺼비는 준영이의 상상이 만든 것이고 똥일 것이다.

〈학생 작품 예시 1〉

<두꺼비는 진짜 비밀친구>

서○○

두꺼비는 실제로 있는 준영이의 친구다. 왜냐하면 첫째, 두꺼비가 수챗구멍에서 나왔다. 똥이라면 수챗구멍에서 나올 수가 없다.

둘째, 똥이라면 변기에서 나오지 못했을 것이다.

셋째, 두꺼비가 똥이라면 준영이와 숨바꼭질을 못했을 것이다.

넷째, 두꺼비가 변기물에 들어가면 변기물에 들어가서 녹았을 것이다.

다섯째, 두꺼비가 똥이라면 수챗구멍에서 나왔을 때 씻어달라고 얘기도 못하고 씻어주면 녹았을 것이다.

여섯째, 두꺼비가 똥이라면 준영이가 두꺼비를 알아보지 못했을 것이다.

일곱 번 째, 준영이가 두꺼비를 무서워하지도, 징그러워하지도 않았을 것이다.

여덟 번 째, 두꺼비가 자유롭게 다니지 못했을 것이다.

아홉째, 준영이가 두꺼비를 묘사해서 설명하지 못했을 것이다.

열 번째, 두꺼비를 만지지 못했을 것이다.

열한 번 째. 준영이는 변비에 걸렸는데 똥이 나오지 않았을 것이다. 그래서 두꺼비가 맞다.

열두 번째. 준영이에게 행운을 가져다주지 못했을 것이다.

이런 이유로 두꺼비는 진짜 준영이의 둘도 없는 친구인 것 같다. 나도 준영이처럼 순수한 마음으로 두꺼비를 도와주고 친구도 되고 행운도 많이 갖고 나만 아는 비밀친구가 있었으면 좋겠다. 비밀도 있으면 좋을 것 같다. 준영이의 순수함이 좋다.

〈학생 작품 예시 2〉

쓸 수 있다는 것을 보여 주고 있다.

수업은 실행에 앞서 설계^{디자인}가 중요하다. 하지만 수업 설계가 학습 동기 유발, 활동 단계1, 2, 3, 정리하기, 평가하기로 끝나서는 안 된다. 학습자를 위한 교육과정과 교과서, 온작품에 대한 천착^{穿鑿}이 필요하다. 말하자면 수업 설계^{디자인}는 바로 가르칠 내용에 대한 열정과 그 열정을 밑그림으로 그려내는 일이다. 수업 실행 과정에서는 또 어떤 열정과 안목이 필요한지 '온작품 읽기 프로젝트(Ⅱ) – 교재 만들기'에서 소개하고자 한다.

온작품 vs 교과서 (II) : 교재 만들기

온작품과 교재

교육의 성패를 가로지르는 핵심 요인은 여러 가지가 있겠지만, 교사가 직접 체감하고 그 실체를 확인할 수 있는 핵심 요인은 교수 - 학습 활동이라고 할 수 있다. 교수 - 학습 활동은 교사와 학생, 그리고 교재를 중심으로 전개되는데, 온작품 읽기 프로젝트에서는 교재가 무엇보다 중요한 변수가 된다.

교재는 일반적으로 '학문이나 기예 따위를 가르치거나 배우는 데 필요한 여러 가지 재료'로 정의되지만, 이러한 사전적인 개념으로는 국어 교과서를 대신하는 재료로서, 온작품을 온전히 이해하기에는 턱없이 부족하다. Gall(1981)은 "교재란 교수 - 학습 과정을 수월하게 하기 위하여 사용되는 본질적으로 표상적인 물리적인 실체"로 정의한 바 있다.[36]

Gall의 정의에 따르자면, 온작품은 물리적 실체로 존재하기 때문에 그 조건을 충족시키기에는 부족함이 없어 보인다. 또한 온작품은 교과서보다 학생들의 학습 동기나 흥미를 불러일으키는 데에 상대적으로 유리한 지점에 있기에 그 수월성 또한 충족시키기에 부족함이 없어 보인다. 하지만 온작품이 표상성^{representational}, 즉 교육과정에서 가르치고자 하는 지식이나 개념, 성취기준을 잘 담아내지 못한다면 본질적으로 문제가 된다. 전문가들이 그 온작품의 문학적 가치를 아무리 높이 매긴다고 할지라도, 학부모와 학생들 모두 재미있어 한다고 할지라도, 그 온작품이 교육과정의 내용을 온전히 담아내지 못한다면 결코, '본원적 교재'가 될 수 없다.

여기서는 온작품 읽기 프로젝트(Ⅰ)에 이어진 프로젝트(Ⅱ)로, 온작품을 다시 읽고, 그 주제와 쟁점을 추출하는 과정, 그리고 온작품을 대안 교재로 만드는 과정 등을 간단히 소개하고자 한다. 온작품이 교재의 표상성을 온전히 담아낸다면, 교재로 인해 생기는 염려와 혼란을 불식拂拭시킬 수 있기 때문이다.

온작품 다시 읽기: 주제와 쟁점 추출하기

2017~2018년, 온작품 읽기 수업을 위해 〈소리 질러, 운동장〉[37]을 읽고, 대안 교재로 만드는 과정과 내용을 소개하면 다음과 같다.

〈소리 질러, 운동장〉은 결정적인 순간에, 자기 팀에게 불리한 증언을 하고 야구팀에서 쫓겨난 주인공 동해와 야구를 정말 좋아하지만 여자라서 야구팀에 들어가지 못하는 희주가 만들어 가는 '막 야구부'에 대

진형민, 『소리 질러, 운동장』, 창비, 2015년

한 이야기이다. 작가는 야구 감독인 교사와 초등학교 5학년 아이들을 대치시키며 '정정당당함'과 '공정함'은 무엇인지 독자로 하여금 고민하게 한다.

<놀아본 놈, 모두가 문제의 논의자이다>(주제)

"막야구 한 번이라도 했던 사람 이따 운동장으로 모여!"
"우리보고 운동장을 쓰지 말라는데 어떡할까?"

이 부분은 운동장을 사용하지 못하는 중차대한 문제가 발생했을 때, 막야구를 했던 아이들이 모두 모여서 회의를 하는 장면이다. 그래서 학생들과 함께 이 주제(<놀아본 놈, 모두가 문제의 논의자이다>)로 작가가 던지는 문제의식을 공유하고자 기록하였다.

<소리 질러, 운동장>에서 아이들은 교사에 비하여 힘이 없다. 어리고 어리숙하지만 힘이 약한 아이들이 모여서 문제를 해결하고자 진지한

이야기를 나누는 장면이 눈에 띄었다.

> ### <연대>(쟁점)
>
> "맨 뒤에 있던 6학년 형님만 박수를 치지 않았다. 사실 6학년 형님은 '운동장 양보 반대'에 손을 들지 않았다. 6학년 형님 생각에는 학교가 유명해지는 것도 좀 필요해 보였다. '나, 유명한 학교 출신이거든.' 하고 자랑을 하면 어깨가 으쓱할 것 같았다."

이 부분은 여러 사람이 의견을 모을 때, 눈앞의 소소한 이익을 택할 것인가, 당장은 아니지만, 멀리 보고 더 큰 이익을 택할 것인가를 따져 봐야 하는 장면이다. 그래서 쟁점을 '연대'라고 명명했다. 모든 아이들이 누구나 운동장을 사용할 수 있다는 문제는 졸업 후, 학교 운동장을 자유롭게 이용하게 될 6학년 형님인, 자신의 문제이기 때문이다. 이와 같은 방식으로 추출한 주제와 쟁점을 하나 더 소개하면 다음과 같다.

> ### <운동장을 나누다>(주제)
>
> "음, 그럼 이렇게 하면 되겠구나. 먼저 이 운동장을 720조각으로 나눠라. 학생 한 명당 운동장 한 조각이니까, 너희는 모두 운동장 열아홉 조각을 쓸 수 있다."
> "그치만 저 야구부는 애들이 조만큼밖에 없는데 이 운동장을 다 쓰잖아요!"
> "어허, 몇 번을 얘기해야 알아들어! 우리는 학교의 명예를 위해 싸우는 야구부 니까 학교 아이들을 대표해서 이 운동장을 전부 사용할 권리가 있는 거지. 우리가 놀고먹는 너희랑 똑같은 대접을 받아야 되겠냐?"

교사는 '운동장을 나누다'는 주제로 운동장을 사용할 권리는 명예와는 관련이 없다는 이야기를 학생들과 나눌 수 있다. 또 운동장이라는 공공재를 누구나 사용할 수 있는 것이 바로 개인이 누려야 할 '권리'이기에, 이를 쟁점으로 학생들과 이야기를 나눌 수 있다.

온작품 〈소리 질러, 운동장〉을 또 국어 교과서와도 연계하여 〈2. 제안하고 실천하고〉 단원에서 '감독이나 교장에게 제안하는 글쓰기'를 구성하였다. 나아가 온작품 〈소리 질러, 운동장〉을 수학 과목과 연계하여 〈3. 다각형〉 단원과 〈4. 어림하기〉 단원에서 '운동장 어림해보기'와 같은 아이디어를 덧붙여 타 교과의 성취기준과 통합하는 활동도 구상하였다.

온작품을 이용한 교재 만들기

이러한 방식으로 온작품을 읽고, 주제와 쟁점을 추출해서 만든 '교재'와 그 특징을 소개하면 다음과 같다. 첫 번째 특징은 수업 설계와 실행, 그리고 평가가 선순환적으로 이어진다는 것이다.[38] 두 번째는 온작품으로 수업을 할 때, 교사의 역량 차이로 인해 발생하는 수업의 질 문제를 해소할 수 있다는 특징이 있다. 예를 들면, 텍스트를 꼼꼼하게 읽지 않으면 답할 수 없게끔 질문에 '미세한' 장치를 숨겨 놓는 것이다.

다음 〈예시 1〉에서 이유를 찾는 질문, 등장인물이 한 말과 행동을 찾는 질문 등이 그러하다. 교사와 학생 모두 온작품을 여러 번 곱삭혀 읽도록 하는 목적에서 이러한 장치를 고안하였다.

주의할 점은 교사가 〈예시 1〉을 다룰 때, 처음부터 학생의 몫으로 돌

예상 밖의 경기

이름 : (   )

◎ 막야구부의 구성원은 몇 학년 친구들이 많고, 이유는 무엇인지 쓰시오.

   – 몇 학년 :

   – 이유 :

◎ 빗자루는 어떤 한이 맺혔을지 자신의 상상하여 쓰시오.

_____

_____

_____

_____

◎ 남나라와 응원단들이 막야구를 하고자 한 이유를 나타내는 문장을 쓰시오.

◎ 감독님이 똥인지 된장인지 구분해야 한다고 응원단들을 야단 친 이유는 무엇인지 쓰시오.

◎ 남나리 응원단이 당최 못마땅한 이유는 무엇인지 두 가지를 쓰시오.

   1)

   2)

◎ 팀을 나누기 위해 하는 행동과 말을 무엇인지 쓰시오.

   1) 행동 :

   2) 말 :

〈예시 1〉

똥인지 된장인지 구분 못하는 상황 표현하기

이름 : (   )

◎ 똥인지 된장인지 구분 못하는 상황은 어떤 때가 있는지 쓰시오.

1)

2)

3)

◎ 가장 인상적인 장면을 골라 그리시오.

◎ 어떤 상황인지 쓰시오.

〈예시 2〉

〈예시 3〉

려서는 안 된다는 것이다. 교사는 '예상 밖의 경기'에 제시된 문항이 〈소리 질러, 운동장〉 이야기와 어떠한 관계가 있는지 그 흐름을 미리 정확히 파악해야 한다. 그래서 학습자가 질문을 고려하며 읽을 수 있도록 자연스럽게 자극을 주고 반응을 이끌어 낸다.

이러한 안내 과정을 거치면, 〈예시 1〉의 '예상 밖의 경기' 문항은 모든 학생들에게 도전할만한 과제가 되고 〈예시 2〉와 〈예시 3〉과 같은 활동을 할 때, 생각을 풍성하게 하는 자양분이 된다.

〈예시 2〉는 온작품 〈소리 질러, 운동장〉에 대한 내용 확인이 이루어진 후, 인상적인 장면 하나를 선택하여 그림이나 글로 자신의 생각과 느낌을 표현하는 활동이다.

그리고 〈예시 3〉은 응원단 친구들의 이야기를 독자들이 상황에 맞게 대본으로 만드는 활동이다. 학생들이 등장인물이 되어 이야기 맥락에 맞는 심리와 감정 등을 대화체 형식으로 쓰고, 완성된 대본을 가지고 직접 무대 위에서 역할극을 하기 위한 사전 작업이다.

교재의 혼란 잠재우기

온작품으로 만든 교재는 문제풀이용 학습지가 결코 아니다. 그럼에도 불구하고 기존 교과서 문항과 어떤 차이가 있는지, 결국 또 다른 교과서를 만드는 것은 아닌지, 교사들은 혼란스러워한다. 그것은 온작품 읽기 수업에 대한 성찰이 부재하기 때문에 일어나는 혼란이다. 교사들에게 이러한 교재는 아직 생소하기 때문에 이러저러한 염려와 혼란은 어쩌면 당연한 현상일 게다.

그렇지만 온작품을 어떻게 읽어야 하는지, 어떻게 수업을 해야 하는지에 대한 논의 없이, 그저 학생들의 흥미와 재미에만 초점이 맞춰지는 온작품 수업은 교사의 수업 전문성뿐만 아니라 학생의 학문적 성장에도 막대한 지장을 초래한다.

다행스럽게도 온작품으로 만든 교재는 학생들로 하여금 온작품의

〈학생 작품 예시〉

주인공을 만나게 하고 친구들과 열띤 토론을 하게 한다. 또한 교육과
정의 성취 기준을 자신의 논리로 주장하기도 하고 그 근거를 온작품에
서, 혹은 자신의 삶 속에서 떠올리기도 한다. 온작품 읽기 시간에 활동
한 학생의 작품들이 그 구체적인 증거이다.

　임○○ 학생의 글은 독후활동으로 흔히 하는 '주인공에게 편지쓰기'
이다. 그러나 기존의 교과서 '지시문'과는 차이가 있다. 책을 다 읽고 주
인공에게 하고 싶은 말을 막연히 쓰는 것이 아니라 "주인공에게 위로

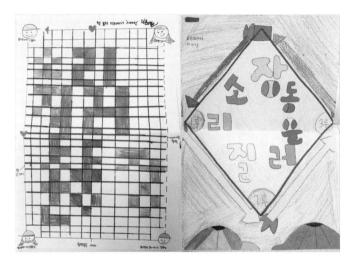

좌, 우 | 서○○ 학생, 이○○학생의 책 표지 디자인

와 격려, 조언, 충고, 새로운 아이디어"를 편지에 담아 쓰게 하였다. 〈소리 질러, 운동장〉에서 야구를 좋아하는 희주가 여자라는 이유로 선수로 뛰지 못하는 것도 모자라 여자 응원단을 하라는 감독의 말을 듣고 분노하고 좌절하는 장면에 대해 다시금 생각하고 편지를 쓰게끔 하였다.

임○○ 학생은 희주에게 편지로 남자 선수단을 위해 여자 응원단을 만들었으니, 여자 선수단을 위한 남자 응원단도 만들어야 한다고 재치 있게 역 제안을 하고 있다. '여자 응원단'이라는 말 자체가 야구 경기에 대한 고정 관념과 성차별을 유도했기 때문이다.

서○○ 학생의 작품은 온작품을 다 배운 후, 책 표지 그리기를 한 것이다. 〈소리 질러, 운동장〉에서 사건의 발단이 된 전교생 1인당 운동장 나누기 장면에 착안한 그림이다. A4 용지를 운동장처럼 잘게 나누고 학생들의 몫을 한 칸씩 색칠하여 '소리 질러, 운동장'이란 글자를 책 표지에 써 놓았다. 자세히 보아야 일곱 글자의 모양이 보이지만 〈소리 질러, 운동장〉의 주제인 '아이들의 권리'를 표지 한 장에 담아내고 있다.

이○○ 학생의 작품도 책 표지 그림인데, 야구장을 그대로 옮겨 그렸다. 그리고 홈을 기준으로 1루, 2루, 3루를 돌아가면서 제목을 차례대로 배치하였다. 아이들의 자유로움에 반해 책 속의 감독은 고정관념과 편견으로 가득 차 있음을 하단에 모자 두 개를 초록과 빨강으로 대비하면서 그려 놓았다.

표지 그리기는 매우 흔한 활동이다. 대부분 책 속에 나온 장면을 따라 그리는 데에 그치는 수준이다. 하지만 두 학생의 책 표지 그림은 〈소리 질러, 운동장〉에서 작가가 이야기하고자 하는 바를 파악하고, 이에 기반하여 자신의 생각을 독창적으로 덧붙여 가며 그린 그림이다. 학생들이 교재로 〈소리 질러, 운동장〉을 깊이 읽었다는 증거이다.

바느질 수공예품 하나가 예술적인 작품으로 거듭나기까지 많은 시간과 정성, 체력이 수반된다. 색실에 대한 미적 감각 또한 요구된다. 수업 설계와 실행 역시 마찬가지다. 그것은 씨실과 날실이 오밀조밀하게 짜여진 하나의 예술 작품을 제작하는 과정과 흡사하다. 교사가 온작품으로 교육과정 성취기준을 예술적으로 직조하는 장인匠人이 되고, 학생들은 그 장인이 만든 온작품 읽기 프로젝트에 따라 즐겁고 신나는 바느질을 하는 개구쟁이들이 되어, 온작품 읽기 수업이 교실에서 하나의 예술 작품으로 탄생되는 그날을 가만히 고대해 본다.

교육 복지 공동체를
꿈꾸며

교육적 불평등과 형평성

최근에는 '휘게^{Hygge}'[39]나 '욜로^{YOLO}'[40]와 같이 개인적인 행복을 추구하면서 우리의 삶의 방향성 또한 급속하게 달라지고 있다. 과도한 경쟁과 급속한 성장이 불러온 부작용과 피로감으로 생긴 현상이다. 사람들은 이제 물질과 권력, 명예가 주는 거대 담론의 행복이 아니라 자신에게 주어진 사소한 것들 속에서 삶을 즐기고 소중한 사람들과 일상을 나누는 것들이 주는 행복에 주목하기 시작했다.

하지만 누구나 이러한 행복을 추구할 만큼 우리 사회가 평등한 것인지는 의문이다. 그 출발 지점의 불평등함으로 인해 그러한 행복을 추구할 기회조차 아예 박탈당한 사람들도 많이 있기 때문이다. 그래서 우선 그러한 불평등을 해소하고, 복지 사회를 구축하는 것이 급선무이다. 복지福祉란 행복한 삶, 또는 그러한 삶을 누릴 수 있는 환경을 말하는데, 복지 사회는 누구나 그러한 행복을 추구할 수 있게끔 하는 충분 조건을 제공한다.

인공지능이 도래하여 실업의 문제가 심각해지는 오늘날 선진국들은 기본소득 제도[41]와 같은 사회적인 정책을 입안하고 실행하며 보편적 복지 환경을 구축하고 있다. 이러한 정책이나 제도의 핵심은 개인의 재산이나 노동의 유무, 의사와 관계없이 사회 구성원 모두에게 최소의 생활비를 지급하는 일이다. 그래서 국가나 사회가 형평성equity의 원리에 따라 개인의 출발 지점을 최소한 균등하게 보장해 주고자 한다.

다음 장면은 왜 이러한 보편적 복지 환경이 필요한지 잘 보여주고 있다. 아래 그림에서는 세 사람이 발돋움 판 하나씩 밟고서 야구 경기를 보고 있는 그림이다. 얼핏 보면 대단히 평등하게equally 보인다. 하지만 키 작은 꼬마에게는 대단히 불평등한 처사다. 아무리 발돋움을 해 봐도 야구 경기를 관람할 수가 없다. 오른쪽은 키 큰 사람이 자신의 발돋움 판 하나를 꼬마에게 내어주면서 모두가 즐겁게 경기를 관람할 수 있게 된 그림이다. [42]

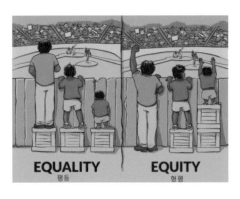

원작자: Artist: Angus Maguire
(interactioninstitute.org)

그런데 우리 주변에는 울타리가 너무 높아서 또는 발돋움 판이 부족해서 절망하거나 좌절하는 사람들이 생각보다 많다. 학생들 간의 사회·문화적 환경이나 경제적 소득 수준의 차이도 그러한 울타리의 높낮이가 되고, 발돋움 판의 개수 차이를 낳는다. 이 문제는 결코 교육만으로 해결할 수는 없다. 그렇지만 공교육 교사로서 사회적인 문제라는 변명으로 책임을 회피하는 태도는 아무 선택의 여지없이 절망을 학습해야 하는 학생들을 애초에 포기해 버리는 일종의 직무유기職務遺棄이다.

교사의 책임과 의무는 수월秀越한 학생들에게는 그 능력을 더 잘 발휘할 수 있도록 길을 열어 주고 미력微力한 학생들에게는 하나라도 제대로 해낼 수 있도록 지지와 격려를 아낌없이 보내는 일이다. 말하자면 수월한 학생에게는 자신이 스스로 조절할 수 있는 발돋움 판을, 도움이 필요한 학생에게는 그에 적합한 발돋움 판을 교사가 조절해 주어 모두가 동등한 위치에서 경기를 즐길 수 있게 해 주어야 한다. 그러한 교육적인 돌봄은 더욱 세심한 접근을 하면서 누군가와 함께 도모할 필요가 있다.

교육적 돌봄: 학부모와 함께하기

교육현장에서 교사에게 가장 어려운 대상은 학부모일 것이다. 그렇지만 학부모는 학생과 더불어 학교와 수업 속에서 좋은 교육을 결정짓는 가장 중요한 역할을 한다. 온작품 읽기 수업을 계획하고 진행할 때에도 학부모와 함께 소통하는 것은 매우 중요하다. 교사가 혼자 수업 속에서 학생들과 함께 읽는 온작품을 가정에서 부모님과 함께할 수 있다면 학생들의 온작품에 대한 내적 동기를 훨씬 더 극적으로 끌어올릴 수 있기 때문이다.

온작품 읽기라는 수업 방식은 부모님들에게 다소 생소할 수 있다. 때론 교사의 수업 방식에 대하여 이의를 제기할 수도 있다. 왜 교과서를 안 하는지, 수업 시간에 아이들이 무엇을 배우는지, 교사가 아이들과 함께 하는 수업이 도대체 어떤 의미가 있는지에 대한 궁금증과 의아함이 결국 학교 교육에 대한 불신의 싹으로 번질 수 있다.

교사는 온작품 수업을 하기 전에 학부모에게 온작품 읽기를 하는 의미와 가치, 수업 방식에 대해 자세하게 안내할 필요가 있다. 학부모들도 교육의 주체로서 교사의 수업 방식에 대해 알 권리가 있기 때문이다. 의문과 궁금함이 있기 전에 충분한 소통이 이루어졌을 때 학부모들은 교육에 대한 이해와 학생들의 수업을 지지하고 지원해 줄 수 있다. 또한 교사는 또 다른 어른의 든든한 지지 속에서 편안하게 학생들을 지켜 줄 수 있다.

온작품 읽기 방식에 대한 소개와 안내는 학부모들이 모두 학교에 올 수 있는 학부모 총회나 학기 초에 자리를 마련하는 것이 좋다. 수업 설명회나 교사의 '1년 살이[43]'와 같은 학급 설명회 속에서 온작품 읽기가 어떤 방식으로 1년 동안 이루어질 것인지 자세한 안내를 하는 것이 좋다. 또한 그러한 자리를 마련하는 것이 여의치 않을 때에는 간단한 안내장이나 가정 통신문, 편지 형식의 글로도 안내할 수 있다.

다음은 온작품 읽기 수업을 시작하면서 교사가 학부모에게 보낸 안내장이다. 이 안내장은 디지털 세대인 우리 아이들이 민주시민으로 성장하는 데에 텍스트를 깊이 읽는 역량이 필요하다는 호소로 시작하고

"또 읽고 싶어요!"

부모님께

안녕하세요? 부모님께 수업과 관련해서 말씀드리고 싶은 것이 있어서 이렇게 편지 드리게 되었습니다. 직접 뵙고 말씀드려야 하지만 이렇게라도 부모님께 설명 드리고 싶어 몇 글자 적어봅니다.

★ 깊이 읽는 것의 중요성

요즘 아이들은 영상을 더 좋아합니다. 그래서 부모님들께서 걱정이 많으시지요. 저는 영상을 보는 세대의 특징, 시대의 흐름을 거부할 수는 없다고 생각합니다. 다만, 영상을 글과 같이 깊이 읽는 방법을 가르쳐줘야 한다고 생각합니다. 영상을 보듯 텍스트를 보는 것이 아니라 텍스트를 읽듯, 영상을 읽기를 바랍니다. 보기와 읽기를 선택할 수 있는 성인으로 자라기 위해서는 그러한 교육이 필요합니다. 전 교사로서 어른으로서 우리 아이들이 앞으로 살아갈 미래에 민주시민으로서 자유로운 성인으로 건강하게 자라길 바랍니다. 그런 이유에서 온작품 읽기 수업을 하려고 합니다. 온작품 읽기 수업이란 문학 장르의 책 한 권이나 긴 글 한 편, 그림책 한 권을 국어 수업 시간에 학습으로 배우는 것을 말합니다. 그저 책을 읽는 것에서 넘어서서 국어 교육과정의 성취기준과 문학작품을 연결 짓고 깊이 읽는 방법을 함께 헤쳐 나가보려고 합니다. 텍스트를 깊이 읽는 능력은 비단 국어능력 뿐 아니라 앞으로 우리 아이들이 당당한 시민으로 성장하는 데에 반드시 필요한 역량입니다.

★ 온작품 읽기 수업을 위해 준비할 것

온작품 읽기 수업을 위해서는 우선 온작품이 필요하지요. 그렇지만 먼저 책을 사주지는 마세요. 수업 시간 속에서 온작품을 읽으면서 우리 아이들이 더욱 다음 이야기가 궁금하도록 이야기를 미리 공개하지 않을 생각입니다. 이건 아이들이 책에 대한 호기심과 흥미를 증폭시키기도 하지만, '뒷이야기 상상하기'나 '나도 작가되기' 등과 같은 활동을 위한 것이기도 합니다. 그러니 아이들이 책의 다음 이야기를 궁금해하더라도 책을 미리 사주시거나 도서관에 가서 빌리도록 하는 것은 말려주세요. ^^

그리고 수업하는 책 이야기를 물어봐주시고 들어주세요. 시간 여유가 되신다면 부모님도 함께 읽어주시면 아이들의 성장에 아주 큰 도움이 될 거예요. 더욱 대화하기가 힘들어지는 아이들의 사춘기에 책을 중매로 이용해보세요. 큰 도움을 받으실 거예요.

온작품 수업이 끝나고 나면 제가 알림장을 써드리겠지만 수업한 책을 선물로 사주시면 감사하겠습니다. 수업하는 도중에는 프린트물로 책이 낱장으로 나가지만 수업을 다 마치고 난 다음에는 낱장이 모여 한 권의 책이 아이들의 책이 되고 선물이 되면 좋겠습니다.

부모님들 밴드에 온작품 읽기 수업을 제외한 나머지 국어 수업의 교육과정 계획과 온작품 읽기 수업을 하는 중간의 과정을 안내해드리겠습니다.

"선생님, 또 읽고 싶어요! 또 읽어주세요!"

수업시간에 저를 가장 기분 좋게 만드는 말입니다. 아이들에게 듣고 싶은 말이기도 하지요. 저를 교사로 만들어주는 말이고요. 부모님께서 도와주시면 부모님들의 관심과 소통으로 좋은 수업을 만들어가길 바랍니다. 긴 글 읽어주셔서 감사합니다. 그럼 늘 평안하시고 안녕히 계세요.

교사 고미령 올림.

있다. 깊이 읽는 능력은 교육으로 키워지는 것이며, 그것을 위해 온작품 읽기 수업을 국어 수업의 텍스트로 선택하였다고 안내하였다. 그러면서 아이들이 책 읽는 습관과 즐거움을 기르는데, 가정에서 부모의 역할과 도움이 꼭 필요하다며 글을 마무리하고 있다. 이러한 편지는 교사가 어떤 수업을 하고자 할 때의 그 목적과 의도, 이유를 부모님과 공유하면서 학생들의 학습이 학교와 가정이 연계되도록 하는 다리를 놓아줄 수 있다. 또한, 편지뿐 아니라 스마트 폰과 같은 다양한 소통의 도구를 활용하여 수업의 과정을 함께 나누어 더 밀접한 소통의 창구로 활용할 수 있다.

물론 이러한 안내장 한 장으로 학부모와 소통이 잘 이루어졌다고 생각하긴 어렵다. 소통은 그렇게 쉽고 간단한 것은 아니기 때문이다. 소통은 지속적이고 일상적이며 반복적이어야 한다. 온작품 읽기 수업을 진행하다 보면 온작품의 성격에 따라 가족의 의미와 부모님과의 소통이 필요한 텍스트의 주제나 내용을 만나기도 한다. 그럴 때에 교사는 부모님과 함께하는 온작품 읽기 수업을 과제로 낼 수도 있고 학부모 공개 수업이나 학습 발표회와 같은 기회로 학부모들을 수업 안으로 초대할 수도 있다. 교사는 이러한 과제를 각 가정에 제시할 때 부담감을 최소로 해야 하고 강요나 의무가 아닌 참여하는 데에 의의를 가져야 한다. 앞서 언급했던 바와 같이 가정의 환경이 각각 다르고 부모와 학생이 소통할 수 있는 여건이 다르기 때문에 교사와 학생의 기대치를 낮추는 것이 필요하다. 울퉁불퉁한 가정의 습득 환경을 되도록 평평하게 만들어 주는 역할이 교사와 학교이기 때문이다.

〈찬다 삼촌〉[44]은 비록 혈연으로 묶인 가족은 아니지만 나를 지켜주고 소중하게 돌봐주는 사람이 가족이라는 메시지를 주고 있다. 내 머리를 감겨주고 나에게 맛있는 밥을 해주고 함께 마주앉아 먹는 사람, 가족은 무엇인지 곰곰이 생각할 수 있는 책이다.

〈우리 가족입니다〉[45]란 책은 현대 사회에서 새롭게 재조명되는 가족의 의미를 함께 생각해 볼 수 있는 책이다. 나의 부모님뿐 아니라 부모님의 부모님과는 어떤 관계를 맺어야 하는지, 늙고 병든 조부모를 우리는 어떻게 받아들이고 가족을 만들어 가야 하는지 고민할 수 있는 책이다. 가족은 선택할 수 없이 태어날 때부터 주어지는 것이지만 주어진 것을 만들어 가는 것 또한 가족들의 몫이기 때문이다.

이와 같은 그림책을 가정에 소개함으로써 교사는 학부모들과 소통의 창구를 마련하여 학생들의 수업과 가정을 연결시켜 주고 학부모들도 수업에 참여할 수 있도록 다리를 놓아 줄 수 있다. 최근에는 학부모들과 밴드나 카페 외에도 다양한 핸드폰 앱을 통하여 자유롭게 소통하고 수업한 내용을 사진이나 영상 자료로 올려서 학부모들이 학생들의 활동 모습을 바로 볼 수 있도록 하고 있다.

학부모와의 긴밀한 소통은 정도와 방법상의 문제로 여전히 많은 논란거리가 되고 있지만 '교육적'이라는 기준과 우리 '학생들의 성장'이라는 기준으로 내용과 방법을 조절한다면 수업에 대한 소통은 반드시 필요하다. 학교 교육을 교육답게 하는 것, 가정은 가정의 역할을 할 수 있게 중심을 잡아 주는 것은 교사로 하여금 수업에 올인하게 해 준다.

교육적 돌봄: 마을과 함께하기

"아이 한 명을 키우는 데에 온 마을이 필요하다." 이 말은 아프리카 속담에만 머무르는 말이 아니다. 인간은 진화론적으로 '대행어미'[46]를 필수적으로 취해 왔다. 진화 생물학자들은 호모 에릭투스 때부터 인간은 확대가족을 이루었다고 말하고 있다.[47] 인간은 침팬지와 같은 유인원에 비해 두뇌가 더 무겁고 미성숙하게 태어나는데 성장기는 길고 출산 간격은 오히려 짧아서 대행어미가 출현해 아기를 함께 돌보는 방식으로 인간의 육아 방식이 진화해 왔다는 것이다. 아기를 함께 돌보는 양육 방식은 인류가 생존을 위해 진화한 방식이다. 아이에게도 양육자에게도 누군가 함께 자녀를 양육한다는 것은 아이의 성장 과정에서 인지적, 정서적으로 큰 영향을 미쳤고 부모 역시 정신적 지지를 얻음으로써 안정적인 가정을 꾸리고 사회적 역할을 할 가능성이 매우 높다고 설명하고 있다.[48]

아이를 태아 때부터 키우고 자라게 하는 것은 가정의 몫만은 아니다. 유치원이나 학교에서는 아이를 정서적, 사회적으로 성장하도록 한다. 사회에서도 마찬가지로 지역 사회와 기관이 아이들의 자람과 돌봄에 많은 에너지를 써야 한다. 학교와 사회가 이제 가정의 '대행어미'가 되어야 한다는 의미이다. 골목과 마을이 사라진 요즈음 학교가 마을의 역할을 대신해야 한다는 목소리가 나오고 있다. 학교에서 친구들을 만나고 학교에서 놀이를 하고 학교에서 돌봄의 공간을 마련해야 한다는 이야기들 속에서 학교와 교실은 배움의 공간으로서의 기본과 본질을 지켜야 한다. 즉 배움과 교육으로 학생을 돌봐야 한다는 의미이다.

온작품 읽기 수업을 진행하면서 교사는 교실에서 배움을 통해 학생들과 소통하고 만나며 관계를 맺어야 한다. 그렇지만 교사 혼자만의 노력보다 지역 사회의 도움과 지원 속에서 교사가 추구하는 온작품 읽기의 본질과 목적을 더 효과적으로 실현할 수 있다. 온작품 수업을 적극적으로 하기 위해서 가장 먼저 필요한 일은 학교 도서관의 도서 자료를 풍성하게 구축해 놓는 것이다. 온작품 읽기 수업을 실천하는 교사와 학교 사서교사와의 네트워크를 구축하여 신간 도서나 학생들이 읽을 만한 도서의 구입, 도서관 수업의 적극적인 활용과 지원이 필요하다.

최근 대형 서점과 함께 마을 속 작은 도서관이나 서점 등이 많이 생겨나고 있는 상황은 매우 반가운 일이 아닐 수 없다. 스티븐 D.클라센은 〈읽기 혁명〉[49]에서 학생들이 책을 읽도록 하기 위한 환경은 따로 있다고 이야기한다. 책을 읽게 하려면 주변 환경이 중요한데 아이들이 책을 쉽게 접할 수 있어야 하고 책을 읽기에 적합한 아늑하고 편안한 장소가 있어야 한다고 말한다. 이러한 요건을 갖춘 장소가 바로 도서관이어야 한다는 것이다.

그러나 고소득층 지역에 좋은 조명이나 좌석, 친절한 직원이 있는 커피숍 등 읽기 환경에 적합한 공공장소가 훨씬 더 많이 발달했다는 것이다. 뉴먼과 첼라노는 "중산층 가정의 아이들은 대체로 광범위한 읽기 환경에 노출되지만 가난한 지역의 아이들은 적절한 읽기 환경을 적극적으로 꾸준히 찾아내야만 한다."고 결론을 내렸다. 빈곤 가정 아이들에게 음소 인식 및 음절법을 가르치는 것보다 우선순위에 두어야 할 것은 읽을 수 있는 책을 쥐어 주는 일이다. 학교 주변과 마을에 학생들이 누구나 접근 가능한 도서관이 있어야 하고 그곳에서 학생들은 편안하게 살아 숨쉬는 '좋은 경험'을 하도록 해야 한다.

당장 아이들이 책을 읽지 않아도 좋다. 도서관이나 서점에 간다면 즐겁고 재미있다는 좋은 경험이 결국 아이들이 책을 찾도록 할 것이다. 서점이나 도서관에 가면 맛있는 것들이 많고 좋은 어른들이 있다는 것을 아이들이 경험해야 책과 더 친밀해질 수 있다. 또한 교사는 다양한 아이디어를 적극적으로 제안하여 도서관에서 온작품 읽기 수업과 연계하여 진행할 수 있는 프로그램을 구안할 수 있다.

2015년 온작품 읽기 수업을 처음 시작했을 때 단골로 자주 가던 마을 서점의 점장과 담소를 나누던 중에 교실에서 온작품 읽기 수업을 하고 있고 작가와 학생들을 만나게 해 주고 싶은데 예산과 비용을 맞추는 것이 만만치 않다는 이야기를 나누게 되었다. 마을 서점의 점장은 그 이야기를 적극적으로 진행시켜서 온작품 읽기 수업을 했던 3개 반 학생들과 작가와의 만남을 추진해 주었다.[50] 학생들에게는 온작품 읽기 공부를 통해 상상만으로 가능했던 작가와의 만남을 선물할 수 있었고 학교 주변 지역의 마을과 교사가 직접 연계하는 특별한 경험을 하였다.

학교에서는 실현하기 어려운 일들이 지역 주민들과 마을과 연계가 된다면 생각보다 쉽고 간단하게 해결할 수 있는 것들이 있다. 학생들에게는 학교 밖도 안전한 놀이터가 되어야 한다. 학생들은 마을 속에서 좋은 어른들을 만나서 기억하게 될 것이고 내가 사는 동네와 마을이 참 살기 좋은 곳, 멋진 곳이라는 생각을 하게 될 것이다. 또한 지역 사회는 마을의 아이들이 건강한 어른으로 성장하도록 물질적, 정신적 지원을 하게 되며 학생들 또한 자라서 다른 아이들에게 받은 지원을 되돌려줄 수 있는 사회의 선순환이 일어나게 될 것이다.

공동 교육 시스템: 희망의 공간 구축하기

오늘날 부모 세대는 늘어나는 가계 부채와 계층 간 소득 격차로 인해 자녀들과 유대 관계를 맺거나 정서적으로 소통할 물리적 시간이 절대적으로 부족하다. 경기도민을 대상으로 한 '워라벨 불균형과 휴가이용

기타	4.5				
가족행사 불참	9.6				
갈수록 엉망이 되는 집안 환경	25.1				
가족과의 마찰횟수 증대	16.6				
가족간의 대화시간 부족				44.1	

0   10.0   20.0   30.0   40.0   50.0

워라밸 불균형과 휴가이용 격차

격차'[51]에서는 소득수준이 낮으면서 자녀가 있는 사람일수록 가족과의 대화가 절대적으로 부족하다고 응답하였다.

골목이 사라진 시대, 부모 역할을 대신할 동네 어른도 없다. 예전에는 집 밖을 나서기만 해도 함께 놀아 줄 동네 친구들이나 오빠나 형, 누나와 언니가 있었는데 이젠 그마저도 기대할 수 없다. 독박 육아로 인한 부모 세대의 스트레스는 고스란히 아이들에게 전해지고 꿈을 잃은 아이들 역시 가치관의 혼란 속에 밤늦도록 거리에서 방황하고 있다. 사회적 공감 능력을 배우고 공동체 정신을 함양할 기회조차 주어지지 못한다.

학생들 간의 사회·문화적 환경과 경제적 소득 수준의 차이는 학교 교육으로 이어지고 보다 심각한 영향을 미친다. 한세리·김안나 (2017)[52]는 학교나 다른 사회의 자본에 비해 가정의 경제적, 문화적 배경의 구조적 자본과 부모와 학생의 관계적 자본이 저소득층 학생들에게 큰 영향을 미친다고 이야기하였다. 또한 한국교육개발원이 2003년부터 2014년까지 4주기로 나누어 조사한 '교육격차 실태 종합분석' 결과[53]에 따르면 부모의 소득격차에 따라 수학과목의 학업성취의 격차가

소득계층에 따른 수학 학업성취도의 차이

학교급	소득계층	1주기(03-05)		2주기(06-08)		3주기(09-11)		4주기(12-14)	
		평균점수	600만원 이상과의 점수 차	평균점수	600만원 이상과의 점수 차	평균점수	600만원 이상과의 점수 차	평균점수	600만원 이상과의 점수 차
초등학교	200만원 미만	47.00	5.05	47.10	5.90	47.09	5.38	46.21	6.60
	400만원 미만	50.70	1.35	49.63	3.37	49.49	2.98	48.72	4.09
	600만원 미만	52.37	-0.32	52.54	0.46	51.46	1.01	50.75	2.06
	600만원 이상	52.05		53.00		52.47		52.81	
중학교	200만원 미만	46.52	6.63	46.20	7.48	45.76	3.96	46.04	7.58
	400만원 미만	51.26	1.89	50.49	3.19	49.99	-0.27	49.33	4.29
	600만원 미만	54.28	-1.13	53.47	0.21	53.25	-3.53	52.01	1.61
	600만원 이상	53.15		53.68		49.72		53.62	
고등학교	200만원 미만			46.53	6.45	46.78	5.06	46.79	5.75
	400만원 미만			49.38	3.60	49.23	2.61	48.90	3.64
	600만원 미만			51.99	0.99	50.88	0.96	51.07	1.47
	600만원 이상			52.98		51.84		52.54	

※자료 : 교육격차 실태 총합분석(한국교육개발원)

벌어짐을 알 수 있다. 특히 초등에서 중등으로 갈수록 그 격차는 더욱 확대되는 것을 볼 수 있다.

학교 교육 속에서 학습 부진아는 계속 양산되고 기초 문해력과 교과 문해력을 습득하지 못하는 학생들은 교실에서 점점 더 소외되면서 학교는 '희망의 공간'이 아닌 '절망의 공간'이 되어 버린다. 학년이 올라갈수록 그 격차가 좁혀지기는커녕 더 넓어지는 악순환 속에서 아이들은 부모와 함께 좌절한다.

독박육아가 되면 아이가 건강하게 성장할 수 없듯이 학교 또한 교육의 문제가 학교 독박으로 이루어지면 건강한 교육을 만들어 가기 어렵다. 온작품 수업도 마찬가지다. 교사 혼자 독박 수업을 하기보다는 학부모와 마을과 함께 수업을 만들어 나가고 고민한다면 더욱 풍성하고 아이의 정서와 발달에 도움이 되는 수업 아이디어와 프로그램을 구상할 수 있을 것이다. 우리 사회가 아이들이 행복하게 자라고 누려야 할 기본적인 권리를 누구나 충분히 누릴 수 있도록 하기 위해서는 아이를 잘 키울 수 있는 수업과 학교와 마을을 조성하는 공동교육 시스템을 구축해야 할 것이다.

온작품 읽기 수업 시간과
'나'만의 수업 문화 전통

부모의 책 읽어주기: '좋은 느낌' 물려주기

책을 읽어주는 경험은 어린 학습자일수록 매우 강렬하다. 짐 트렐리즈는 〈하루 15분, 책 읽어주기의 힘〉[54]에서 어린 학습자의 발달 수준에 비추어 책 읽어주기가 왜 중요한지 이야기하고 있다. 그는 책을 읽어줄 때 부모와 아이에게 매우 중요한 일이 저절로 일어난다고 하였다.

그것은 첫째, 아이와 책 사이에 즐거움이라는 끈이 연결되고 둘째, 부모는 아이와 함께 책을 읽으며 새로운 것을 배우게 된다. 마지막으로 책을 읽어주는 동안 부모는 단어를 소리와 음절의 형태로 아이의 귀에 쏟아 붓게 된다. 부모가 책을 매개로 아이에게 들려주는 단어는 귀 안에서 '듣기 어휘'라는 '저수지'에 모인다.

짐 트렐리즈는 아이의 귓속에서 그 듣기 어휘가 저수지의 물고기와 같이 점점 차오르기 시작하다가 마침내 흘러넘치게 된다고 한다. 말하자면 듣기 어휘가 말하기 어휘, 읽기 어휘, 쓰기 어휘라는 물고기들이 되어 냇물로 흘러가게 된다고 비유한다. 즉 듣기가 말하기와 읽기, 쓰기의 원천이 된다는 것이다. 매일 규칙적으로 자녀에게 책 읽어주는 이유를 짐 트렐리즈는 다음과 같이 이야기한 바 있다.

> "아버지는 내게 책을 읽어주었고, 그것이 잊지 못할 '좋은 느낌'으로 남아 있었다. 나는 우리 아이에게도 '그 느낌'을 전해 주고 싶었다. 그래서 아이들에게 매일 밤 책을 읽어 주었다."

그가 말하는 '좋은 느낌'은 '말'로는 절대 전해질 수 없다. 오직 '실천 (행동)'이 수반되어야 가능한 일이다. 그리고 '좋은 느낌'은 조부모 세대에서 부모 세대로, 그리고 자녀 세대로 실천할 때만이 비로소 하나의 전통으로 자리매김하게 된다.

교사의 책 읽어주기: 불편한 원칙 하나

그러나 모든 부모가 자녀에게 책을 읽어줄만한 그런 '비옥한 토양'을 갖추고 있진 않다. 그래서 싹이 나기도 전에 시들어 버리는 아이, 꽃을 제대로 피우지 못하는 아이, 부실한 열매를 맺는 아이들이 교실 수업 시간에 '멍'하니 앉아 있다. 이러한 상황일수록 학교와 교사의 '공적 책무성public accountability'[55]은 더욱 중요해질 수밖에 없다. 공적 책무성은 교실 수업에서 단 한 명의 학생도 낙오되지 않게 교육적인 돌봄[56]을 요구하기 때문이다.

교사의 책 읽어주기는 이러한 공적 책무성을 인식하고 교육적 돌봄을 구체적으로 실천하는 행위이다. 그리고 그 행위는 아침 시간이나 수업 시간 중에 대부분 이루어진다. 하지만 명심해야 할 원칙 하나는 그 실천 행위가 규칙적으로 그리고 지속적으로 '학습'으로서 섬세하고 치밀한 방법으로 이루어져야 한다는 점이다.

책을 규칙적으로 읽어주는 일을 일상적으로 실천하는 교사는 책을 읽어줌으로 인하여 체험한 학생들의 생활 변화, 교사로서의 존재감, 가치를 종종 이야기한다. '책 읽어주는 선생님'이라는 수식어가 교사로서 학생들에게 큰 무언가를 주고 있다는 착각에 빠지게도 한다. 그러나 규칙적으로 무언가를 매일 반복한다는 것은 우리 학교 실정과 환경에서 쉽지 않다. 더구나 문해력 수준[57]이 각기 다른 학생들을 대상으로 책을 읽어준다는 것은 생각보다 어렵다.

"책을 읽어준다는 것이 아이들 입장에서는 신나고 즐거운 놀이가 될 수 있지만 교사 입장에서는 귀찮고 고통스러울 수 있어요. 입도 아프고 침도 마르고, 준비를 좀 해야 되고요. …… 규칙적으로 한다는 건 사실 아이들에게…. 아이들이 준비해야 될 것은 없으니까. 교사가 더 힘든 것 같아요. 교사의 몫인 것 같아요, 그렇게 하는 게. 저의 어떤 투철한 그걸 꼭 해야겠다는 어떤 생각이 없으면 사실 규칙적이고 지속적으로 한다는 것은 좀 불편한 것 같아요."_교사 A

교사(A)는 책을 읽어줄 때에 필요한 교사의 준비와 책임감으로부터의 부담감을 이야기하고 있다. 책을 읽어주기 위해서는 일단 시간 확보를 해야 한다. 아침 자율 학습 시간이든 수업 시간이든 해야 할 것들에 대한 우선순위를 정해야 하고 어느 경우에는 해야 할 것들을 희생하는 결단이 필요할 때도 있다. 또 학생들이 좋아할만한, 그러면서 유의미한 책도 준비해야 하고 책을 읽어주는 데에 대한 노련함이 없다면 어떤 어조와 어떤 속도로 읽어줘야 하는지도 매우 난감하다. 그럼에도 불구하고 온작품 읽기를 하면서 교사는 '수업은 반드시 교과서로 해야 한다'는 심리적인 강박이나 부담을 떨쳐버리기가 쉽지 않다.

기억에 남는 수업: '건강한' 중독 증세

그렇다면 학생에게 규칙적이고 반복적으로 읽는 온작품 수업 시간은 어떤 의미가 있는 것일까? 학년을 마칠 무렵, 학생들은 온작품 읽기 수업이 단연 가장 좋은 수업이고 가장 기억에 남는 수업이라고 설문에 답했다. 학생들이 온작품 수업 시간을 이토록 기다리는 이유는 무엇일까? 짐작컨대, 학생들은 교사와 책을 함께 읽는 따뜻하고 안온한 분위기를 즐기는 듯하다. 때론 우스꽝스러운 주인공의 행동과 말에 친구들과 동시에 까르르 웃기도 하고 억울하고 서러운 장면에서는 함께 책상을 쿵쿵 치며 분노하기도 한다. 하지만 무엇보다 학생들에게 중요한 것은 학생들이 작품 속으로 직접 들어가 그 문턱을 넘어 본 경험이다.

"예전에 1학년 아이들을 가르친 경험이 있다. 점심을 먹고 다음 수업 시간까지는 항상 10분 정도의 여유가 있었다. 그 시간을 그냥 보내기는 너무 아쉬워 우리 아이들이 좋아하는 이야기를 내가 즉흥적으로 만들어 들려주었다. 우선 아이들에게 눈을 감게 하고, 내가 하는 말을 귀 기울여 들어보라고 했다. 그리고 대신 눈을 뜨는 순간 마법이 풀리니 절대 눈을 뜨지 말라고 당부하였다. '나는 지금 초록색 잔디가 드넓게 펼쳐진 잔디밭에 와 있어요. 나는 지금 친구들과 함께 돗자리를 깔고 앉았어요. 옆에는 간식을 담아온 바구니도 보여요. 갈색을 띤 길다란 빵도 있고, 시원한 오렌지 주스도 있어요. 내가 주스를 마셔 보아요. …중략… 갑자기 나는 공중으로 떠올랐어요. 손으로 날개 짓을 해 보았더니 더 높이 날아다니는 유니콘이 되었어요.…'라는 식으로 이야기를 들려주자 우리 반 아이들 중에는 눈을 감은 채로 허공에 정말 손으로 날개 짓을 하는 남자 아이도 있었고, 오렌지 주스가 너무 맛있는지 정말 침을 꿀꺽 삼키며 흐뭇한 미소를 짓는 아이도 있었다. 그것을 보고 나도 순간 너무 놀랐다. 그 정도로 우리 아이들이 진짜인 것 마냥 이야기 속에 빠져들 줄 몰랐는데, 예상 밖의 반응이었다."_교사 B

학생들은 교사(B)가 들려주는 상상 속 이야기 세상에 빨려 들어가고 있으며, 환상을 체험하고 있다. 다양한 판타지 영화에서도 이와 유사한 현상을 목격할 수 있다. 〈나니아 연대기〉에서의 옷장은 현실세계에서 판타지 세계로 들어가는 통로가 되었고, 〈쥬만지〉에서는 보드 게임을 통해 판타지 현실 속으로 들어가게 된다.[58] 온작품 읽기 수업은 이처럼 현실세계에서 판타지 세상으로 들어가는 하나의 통로가 된다. 이러한 통로를 자주 다니다 보면, 학생들은 자신들도 모르게 서서히 이야기에 중독된다.

사람들이 게임을 즐기다가 게임에 중독되는 원인은[59] 바로 '거의 성공'에 대한 집착과 강박 때문이다. 찰스 두히그의 〈습관의 힘〉에 의하면,[60] 병적인 도박꾼들은 '거의 성공'을 '성공 경험'과 비슷한 것으로 받아들이지만, 비⁺병적인 도박꾼은 '거의 성공'을 '실패 경험'으로 간주하고 더 이상 게임을 하지 않는 절제력을 발휘한다. 이런 이유로 인해 슬로머신은 '거의 성공'의 확률을 꾸준히 높이는 방식으로 재 - 프로그래밍 되었다고 한다. 즉, 도박에 중독된 자들은 다음에는 반드시 성공할 것 같은 그런 느낌을 추구하기에 다시 도박을 하게 된다는 것이다.

학생들 역시 온작품 읽기 수업 시간에 '거의 성공'을 맛보게 된다. 하지만 병적인 도박꾼과는 달리 '실망'을 경험하는 것이 아니라 자신의 성장을 누리는 기쁨을 맛보고 그 재미로 말미암아 작품을 학수고대鶴首苦待하고 있기에 '건강한' 중독 증세라고 할 수 있다. "선생님, 책 읽어주세요." "오늘은 왜 온작품 수업 안 해요?" "다음엔 어떻게 되나요?" "빨리 수업하면 안돼요?" 수업 시간에 보여주는 학생들의 이러한 갈구craving가 '건강한' 중독 증세의 흔적들이다.

이러한 작은 변화들은 교사를 온종일 들뜨게 한다. 또한 학생들의 독해력이 조금씩 신장되는 것을 목격하게 되면, 교사로서 존재 이유와 성취감을 갖게 한다. 수업 초기에는 그 작은 변화를 감지하기 어렵지만 그 수업 방향이 올곧게 나아가게 되면, 교사는 분명 학생들의 기분 좋은 아우성을 듣게 될 것이다.

약속의 시간: '나'만의 수업 문화 전통 만들기

부모로부터 물려받은 것, 그리고 그것을 다시 자녀에게 물려주는 것을 지속적으로 반복하게 되면, 하나의 전통으로 자리 잡게 된다. 그것은 '나'만의 전통이 될 수도 있고, 집안의 전통이 될 수도 있다. 그래서 마지막으로 주목할 부분은 앞에서 〈하루 15분, 책 읽어주기의 힘〉에서 짐 트렐리즈가 언급한 교실에서 또는 수업 시간에 교사들이 만들고 싶어 하는 '전통'은 무엇일까? 그리고 전통의 성립은 가능한 것일까? 또한 그러한 전통은 어떻게 이어가는가?

"저는 지금 듣다가 생각을 좀 다시 한 게. 짐 트렐레즈는 자신의 부모가 책을 읽어줄 때의 '그 느낌'이 너무 좋아서 자녀들에게도 실천하잖아요? 저는 보통 학생들한테 이야기를 할 때에 저는 제가 '이걸 싫어하기 때문에 고쳐라.' 라는 식으로 하는 '그런 전통'이 되게 많았어요. 그러니까 저도 안 지켜지고, 애들도 같이 안 지켜지는 거예요. 그러니까, 내가 좋은 거는 애들이 어떻게 행동을 해도 그건 다 용인이 되는 그런 거예요. 그래서 각종 '하지 마라.'는 되게 많은데. 저만 좋아하는 그런 즐거움이었던 것 같아요."_교사 C

교사(C)의 사례에서 알 수 있듯이, 교사들이 학교에서 또는 수업 시간에 만들고 싶어 하는 전통은 대부분 이러한 '마라'이다. "지각하지 마라", "싸우지 마라", "뛰지 마라", "욕하지 마라", "수업 시간에 졸지 마라", "칠판에 낙서 하지 마라". 이러한 '마라'가 하나의 전통으로 자리매김할 수 없거나 힘든 까닭은 그 출발점이 학생의 자발적인 의지가 아니라, 누군가의 강요에 의해 이루어진 금지 행위이기 때문이다.

이제 교실 수업 시간에 자연스럽게 스며드는, 교사와 학생 모두 자발적으로 받아들이는 '그 좋은 느낌'을 하나의 수업 문화 전통으로 남기는 문제를 고민해야 할 시점이다. 온작품 읽기를 통해 교사들이 새롭게 만들고 가고 있는 '그 좋은 느낌'은 과연 무엇일까? 그리고 그것은 하나의 '전통'으로 자리 매김이 가능할까?

"저도 전통하니까. 제가 매년 그 하려던 건 있었어요. 책을 계속 읽기는 읽었거든요. 그런데 그걸 계속 지속적으로, 규칙적으로는 못 하고, 깊이 들어가지는 않고. 그냥 읽는 그 경험 자체만 아이들에게 했었는데. 아이들이랑 꾸준히 매년 했으면 좋겠다는 생각이 있었으면서도, 이걸 전통으로 만들어 봐야겠다는 생각은 못해 봤었던 것 같아요. 선생님들 보면 그런 걸, 자기 선생님만의 고유한 그런 진짜 전통 같은 거를 만들어서 하는 분들이 있으시더라고요. 무슨 쌤 1기, 2기 이렇게 해가지고. 이제 그 활동 자체를 어떻게 하는지 모르겠지만. 1기, 2기 이렇게 붙이는 것 자체가 자기 선생님만의 어떤 문화를 가지고, 전통을 가지고 학급을 꾸려 나간다는 생각이 들었었어요." _교사 D

'수업 비평'의 개념이 정립되고 그 위상을 점하기까지 많은 연구자들과 교사들의 도전과 노력이 필요했던 것처럼[61], 온작품 읽기 수업도 하나의 전통으로 자리 매김하는 것도 쉽지 않다. 적어도 교사(D)처럼 좋은 온작품을 꾸준히 찾아 나서야 하며, 간헐적이나마 수업 시간에 학생들과 함께 그 작품을 함께 읽으며 즐기는 활동을 해야 한다. 하지만 무엇보다 자신만의 고유한 수업 문화를 만들어 나가고자 하는 교사의 자발적인 의지와 적극적인 실천이 수반되어야 한다.

학생들의 몸에 체화되어 오래 기억되고 남는 작품은 무엇일지 고민하여 그것을 학생들과 한 문장, 한 문장 정성들여 함께 읽고, 주인공이 되어보는 시간들이 축적되면서 학생들과 공감하는 과정이 '오래된 미래의 전통'을 만들 것이라 생각한다. 위 대화에서 고민하는 교사들처럼 '좋은 느낌'을 주는 교육적인 시도와 시행착오를 겪는 경험들이 쌓이면 '나'만의 교실 수업 문화 전통이 언젠가는 구축되지 않을까?

학생들의 내러티브(Narrative) : 여러 형태의 파장

생각지도 못한 결말과 그 파장

조용한 연못에 돌 하나를 던지면 잔잔하던 수면은 동심원의 잔물결을 그리며 조용히 퍼져 나간다. 과학에서는 이러한 현상을 '파동波動'이라고 명명한다. 여기서는 어떤 현상이 미치는 영향이나 정도를 강조하고자 '파장波長'이라는 말을 사용하고자 한다.

잔잔한 연못이 독자의 마음이고 돌멩이가 작품이라면 아무리 재미없는 이야기라도 분명 어떤 파장을 일으켰을 거다. 고학년 학생들과 온작품 읽기를 했던 수업 장면을 떠올려 보면서 그 파장은 어떠했는지 하나씩 천천히 살펴보자.

학생들의 마음에 던진 돌멩이 하나는 〈엄마의 마흔 번째 생일〉[62]이다. 이 작품은 엄마의 '폭탄선언'에서 시작된다. 마흔 번째 생일, 엄마는 갑자기 직장을 나가겠다고 한다. 예전부터 엄마가 꿈꾸던 그림 그리는 일이다. 치매에 걸린 할머니의 병세가 점점 악화되는 상황에서 가족들은 엄마를 도무지 이해하지 못한다. 결국 가족 모두가 갈등을 겪고 엄마와 아빠의 관계는 위기를 맞게 된다.

〈엄마의 마흔 번째 생일〉의 결말은 흔히 말하는 '해피엔딩'도 아니고 분명한 결말이 드러나는 구조도 아니다. 명확하지 않은 결말 때문에 학생들은 혼란스러워했다.

> "선생님, 책 결말이 왜 이리 찝찝해요? 읽고 나서 기분이 너무 안 좋아요."
> "선생님은 이 책 결말이 어떻게 됐는지 아시죠? 작가한테 연락해서 결말 좀 물어보면 안돼요? 어휴.."

결말이 나지 않는 이야기를 자신이 원하는 대로 만들고 싶었던 독자의 이야기가 생각난다. 영화 〈미져리(Misery)〉[63]의 주인공 소설가 폴은 외딴 곳에서 소설을 완성하고 폭설에 집으로 돌아가다 사고를 당하게 된다. 마을의 간호사 출신 애니에 의해 폴은 구조가 되지만 애니는 소설과 소설가에 대한 편집증적인 태도를 보이면서 폴을 감금하고 폭력을 가하며 자신이 원하는 대로 소설을 쓰도록 한다. 비록 정신병이었지만 애니는 소설가의 결말에 자신의 작가적 욕망을 투영하고 싶어했다. 더 놀라운 점은 소설가 폴이 이 영화의 결말에 보여준 의미심장한 표정이다. 폴은 애니에게서 구사일생으로 벗어나지만 영화의 마지막에 애니와 보냈던 시간을 그리워하는 듯한 뉘앙스를 보인다. 의학적으로는 스톡홀롬 증후군이라고도 하지만 자신의 소설을 함께 만들어갔던 경험이 작가에게도 비록 부정적이었지만 매우 각인되는 시간이었을 것이다.

다시 〈엄마의 마흔 번째 생일〉로 돌아가 보자. 학생들의 마음은 생각보다 심란하다. 그래서 마치 영화 〈미저리〉에서처럼 독자가 작가에게 간섭하기 시작한다.

"기분이 안 좋으니, 이렇게 했으면 좋겠어요."
"결말을 저렇게 깔끔하게 처리했으면 좋겠어요."

명확하고 정해진 결말을 보고 싶어 하는 아이들. '행복하게 잘 살았답니다.'는 식의 해피엔딩이면 더할 나위가 없다. 비록 결말이 허무하거나 허탈하더라도 행복한 결말에 모두가 안심을 하고 위안을 받는다. 혹 비극적인 결말이라고 하더라도 작품성에 대해서 이러쿵저러쿵 이야기를 덧붙인다.

그러나 끝이 정해지지 않은 '열린 결말'에 대해서는 익숙하지 않은 듯 학생들은 낯선 반응들을 보인다. 작가 입장에서 보면 미소가 절로 나올 법하다. 작품을 더욱 의미 있고 가치 있게 만들어 주는 요소는 독자의 다양한 반응과 해석이기 때문이다. 그래서 은근 슬쩍 학생들로 하여금 뒷이야기를 상상하게 한 뒤, 작가의 '열린 결말'을 매듭짓게 하였다. 대부분 학생들은 부모님이 다시 만나서 행복하게 사는 이야기로 자신들의 소망을 담아 끝을 맺었다. '해피엔딩'이 압도적이었다.

사회 실천적인 파장: 삶의 밑거름

아쉽게도 학생들은 '열린 결말'이 주는 여지를 충분히 생각하거나 감상하지 못하고 '닫힌 결말'이 주는 달콤함과 환상에 그저 주저앉아 버렸다. 학생들을 탓하기보다는 교사로서 '나'를 탓하는 것이 마땅하다. 좋은 작품을 보는 학생들의 안목을 기르는 것이 교사가 우선적으로 해야 할 일이다. 특히 '책'이라는 매체는 영화나 TV와 달리 그 진정한 힘과 참된 의미를 발견하기까지 진입하는 문턱이 상대적으로 높은 편이다. 충분히 훈련이 되지 않았거나 누군가 옆에서 도와주지 않는다면 그 힘과 의미의 파장을 느끼기는커녕 단어 자체를 해독하거나 줄거리를 따라가느라 텍스트 자체를 온전히 이해하거나 감상할 수조차 없다.

〈엄마의 마흔 번째 생일〉을 읽고 나서 학생들과 이야기 나누던 중 흥미로운 부분이 있었다. "엄마가 책 속의 상황에서도 직장을 나가겠다고 결정한 것에 대해 어떻게 생각하는가?"라는 질문을 던졌다. 그랬더니 26명의 학생 중 12명이 그 결정에 "나도 동의하고 공감한다."고 대답하였고, 나머지 14명은 "좀 이해가 안 간다, 너무했다."고 대답하였다. 더욱 흥미로운 점은 대다수의 학생들이 '남녀평등', '가정에서의 일은 가족이 모두 하는 일'이라고 하면서 '집안일 대부분을 엄마 홀로 하는 것'은 반대하였다. 가사家事 노동은 가족 구성원 모두가 해야 할 일이라는 것을 지각하고 있지만 〈엄마의 마흔 번째 생일〉에서 엄마도 아빠와 대등하게 직장을 다닐 수 있다고 생각하는 학생은 상대적으로 적었다.

대중 언론 매체나 사회 교과 수업 시간을 통해 '여자와 남자가 모두 차별받아선 안 된다'는 이야기를 반복적으로 들어서인지, 남녀평등에 대한 기본적인 의식은 지니고 있었지만, 학생들은 그것이 자신의 가정이나 상황 속으로 들어왔을 때 정작 받아들이지 못하는 그런 이중적인 모습을 보였다. 교과서 지식이나 가르침의 '파장'이 일상적인 삶이나 사회적 인식으로 확산되거나 스며들지 못하는 안타까운 현실을 목격하게 되었다.

하지만 〈엄마의 마흔 번째 생일〉에서도 알 수 있듯이, 좋은 온작품은 교과서적인 지식이나 개념을 머리로 암기하고 습득하는 양식을 넘어서서 독자 스스로 습득한 개념을 가슴으로 느끼고 몸소 실천하는 양식으로 구성되어 있다. 비록 작품에서 제시된 공간과 세계가 가상적이고 허구적이라고 할지라도 현실보다 더 사실적이거나 실재적이다. 또 그 갈등 상황을 자신의 삶 속으로 받아들여 그 문제를 해결할 수 있는 힘이 내재되어 있다. 그래서 아이들은 이러한 작품을 읽고서 자신을 둘러싼 가정과 학교, 사회가 무엇을 추구하며 살아야 하는지 그 방향을 올곧게 설정할 수 있게 된다. 결국 온작품을 매개로 다양한 관점에서 서로의 생각과 느낌을 나누어 보게 하는 경험은 우리 사회의 문제점을 적확^{的確}하게 파악하고 개선하기 위한 실천적인 활동에 밑거름이 될 것이다.

심리적인 파장: 그들만의 삶의 고민과 흔적

"며칠 전부터 치맛단 터졌다고 했지? 조끼 단추도 떨어졌어. 속옷도 낡아서 그렇게 사 달라고 했는데. 오늘 신체검사하면서 얼마나 창피했는지 알아? 급식비도 미납이야. 우리 반에서 급식비 미납은 나 혼자였어. 도대체 엄마가 하는 일이 뭔데?"

〈엄마의 마흔 번째 생일〉에서 엄마가 그림을 그리러 나가면서부터 집안일에 소홀하게 되고 큰딸은 그것을 못 마땅해 하면서 갈등이 증폭되는 상황이다. 학생들도 이 상황을 충분히 이해하고 공감하는 듯했다. 그래서 엄마를 향해 어떤 표정과 어조로 말해야 하는지, 어떤 동작을 취하면서 말해야 할지 연극 대본으로 만들어 보았다. 학생들은 '짜증을 내면서', '날카로운 목소리로', '엄마를 똑바로 노려보며', '화난 듯 울먹이는 목소리로', '교복을 엄마에게 던지며'와 같은 구체적인 연극 지문을 작성하였다.

이러한 지문을 토대로 큰딸과 엄마의 역할을 바꿔가며 교실에서 실제로 연극까지 해 보았다. 자신의 상황에 맞게 '교복'을 '운동화'로 바꾸어 즉흥 대사를 꾸민 학생도 있었고, 서로 얼굴을 쳐다보다가 웃음이 마구 터져 나와 상황에 몰입하지 못하는 학생도 있었다. 그런데, 평소 활발하고 목소리도 큰 학생 한 명이 갑자기 울음을 터뜨렸다. 대사를 읽다가 작품 속 '큰딸'처럼 자기도 엄마한테 비슷한 이야기를 내뱉은 적이 있었는데 그때 자기 말을 듣고 있던 엄마의 표정이 떠올라서였다고 했다.

작품 속 대사나 지문을 통해 학생들은 자기 엄마를 떠올리기도, 자신의 모습을 떠올리기도 했다. 치매에 걸려 하루 종일 집에만 있는 할머니나 할아버지가 생각난다고도 했다. 그 모든 지문과 이야기가 학생들 스스로 보여준 삶의 모습이자 고민이었다.

선 - 순환적인 파장: 교사의 역할

이혁규 · 심영택 · 이경화의 「초등 예비교사의 실습 체험에 대한 내러티브 연구」[64] 에서 이야기가 미치는 파장의 개념을 'living에서 telling'으로, 're-telling에서 re-living'으로 설명하였다. 이 논문 속에서 연구자들은 교생들의 내러티브[narrative]를 통해서 교생들의 이야기를 하고 있지만 연구자 자신의 이야기도 성찰하고 있다. 이를 확대해서 해석하자면, 작가는 독자가 겪는 삶의 모습[living]들을 작품을 통해서 말하고[telling], 독자는 그 작품을 통해서 자신의 삶을 다시 말하게 되면서[re_telling], 반성적인 삶을 살아간다[re_living]는 의미이다. 이러한 내러티브 과정을 통해 독자는 작가의 말을 되새김질하면서 자신의 말과 삶을 다시 되새김질 하는 그런 선-순환적인 과정을 거치게 된다.

최근에 〈엄마의 마흔 번째 생일〉을 다시 만나게 되었다. 초등학교 5학년이 된 딸아이가 학교에서 이 책을 읽었다면서 '나'에게 물어본 것이 계기가 되었다.

딸　　엄마, 엄마도 그 책 읽어봤어?

엄마　응, 몇 년 전에 읽었어. 그걸로 수업도 했었는데?

딸　　진짜? 오...역시 선생님~~

엄마　그 책 다 읽어봤어?

딸　　응, 어제 다 읽었어.

엄마　어땠어?

딸　　재미있었어.

엄마　책 덮고 나서 딱 든 생각은 뭐야?

딸 남녀평등?

엄마 남녀평등? 왜?

딸 아빠는 직장에 다니는데 엄마는 직장을 못 다니는 게 이상했어. 여자는 집에서 살림만 하고 주부만 해야 하는 게 평등하지 않았어.

엄마 <u>그치? 근데 가족들은 왜 엄마가 집에 있어줬으면 했던 것 같아?</u>

딸 음...할머니 때문에?

엄마 아, 치매 걸린 할머니 때문에? 근데 꼭 할머니는 엄마만 돌봐야 하는걸까?

딸 아니, 치매도 병 아냐? 병 걸리면 병원에 갈 수도 있고 가족 중엔 아빠도 있고, 참, 그 할머니는 아빠 엄마 아냐? 자기도 엄마를 안 돌보면서 부인한테만 돌보라고 하는 건 좀 아닌 것 같아.

엄마 워워~~진정하시고~ 그럼 너는 완전히 엄마 편인거야?

딸 엄마가 편 가르지 말래놓고, 편이 어딨어? 그냥 내 생각이 그렇다는거지. 근데 가영이 입장에서 생각해 보면 좀 불쌍해.

엄마 뭐가?

딸 가영이나 걔 언니나...근데 걔 언니는 좀 싸가지 없어. 엄마한테 막 일이나 시키고, 엄마가 하는 일이 뭐냐고 막 대들고.

엄마 <u>언니는 못됐지만 가영이 입장은 이해가 되는 거야?</u>

딸 응, 갑자기 그렇게 자기 얘기만 해버리고 밀어붙이면 다른 가족들이 당황스럽잖아. 왜 그렇게 생각했는지, 엄마는 뭐가 하고 싶은지 좀 잘 얘기했으면 안 되나?

엄마 그게 잘 안된 걸 수도 있잖아.

딸 아니야. 내가 보기엔 엄마가 너무 기분대로 막 행동한 것도 있어.

가족들을 좀 천천히 설득했으면 더 좋았을 것 같애. 그래도 이해 안 해주면 그 다음에 그렇게 행동하면 되잖아.

엄마 넌 엄마가 좀 집에 있었으면 좋겠다고 생각한 적 없어?

딸 있지. 근데 난 엄마가 선생님인 게 좋아. 애들한테 막 자랑도 하고. 근데 요즘엔 좀 부담스럽기도 해. 선생님들이 엄마가 선생님이면 공부도 잘해야 하고 뭐든 잘해야 한다고 기대를 거는 것 같기도 하거든. 부담스러워.

엄마 그렇구나. 넌 언제 엄마가 집에 있었으면 하는 생각이 들어?

딸 나 아플 때? 엄마 출장 갔을 때? 엄마가 일 많다고 말시키지 말라고 방에서 안 나올 때? 전날 밤 샜다고 일요일에 안 일어나고 아침밥 굶길 때?

엄마 야, 야~ 너 엄청 많은데?

딸 말하래놓고~ 그래도 난 엄마가 공부하고 책 읽는 게 좋아. 좀 멋져 보여. 나도 그렇게 멋져지고 싶기도 하고.

딸아이는 인물에 대한 생각을 자신의 관점에 비추어 다양하게 이해하려고 하고 있었다. 엄마의 입장에서 생각하고 가족의 입장에서도 생각을 하면서, 또 작품 속 큰딸의 행동을 비판하면서 작품 속 이야기를 자신의 일상으로 끌어들여 오고 있었다. 또 가정에서 엄마로서 '나'의 역할과 엄마인 '나'에 대한 자신의 생각을 이야기하면서, 사회가 바라는 '여성상'과 자신이 생각하는 '여성상'을 대비하여 정립해 나가고 있었다.

물론 위 대화는 가정에서 엄마와 딸이 나눈 개인적인 대화이다. 그러나 더 면밀하게 대화의 내용을 들여다보면, 밑줄 친 엄마의 질문은 가정에서 보편적으로 이루어지는 대화와는 거리가 멀다. 오히려 교실에서 교사가 해야 하는 질문의 형태와 더 밀접한 관련이 있다. 이와 같이 학생들과 함께 내러티브 방식으로 작품을 읽고 이야기를 나누는 과정에서 교사가 해야 할 일 중 하나는 적절한 질문을 지속적으로 던져 주는 일이다. 그래서 그 작품이 왜 학생들의 마음에 동심원을 그리며 파장을 일으키는지, 그리고 그 파장의 의미는 무엇인지 학생 스스로 답을 찾아나가도록 해야 한다. 그 역할은 부모나 또래 친구도 할 수 있다.

그런데 문제는 이러한 질문을 던지며 편안한 분위기 속에서 이야기를 나눌 사람들이 주변에 그다지 많지 않다는 사실이다. 그래서 학교가 필요하며, 교사의 역할이 막중하다. 의미 없을 것 같은 파편적이고 일상적인 학생들의 이야기를 온작품을 매개로 모아주고, 의미 있는 질문을 던지며 대화의 초점을 잡아주는 교사의 역량이 그러하다.

내러티브 마지막 파장: 성찰적인 글쓰기

온작품 읽기를 통한 학생들의 내러티브는 글쓰기로 마무리된다. 학생들이 글쓰기를 두려워하고 글쓰기 지도가 교사들에게 힘든 이유 하나는 글감이 고갈枯渴되는 경우이다. 글쓰기 방법을 부지런히 연마해도 '쓸거리'가 없다면 아무런 소용이 없다. 멋진 두레박을 들고선 말라버린 우물을 바라보는 격이다. 따라서 작품에 대해 이야기하고, 자신과 친구의 삶을 나누면서 글감이 더 풍성하게 되는 놀랍고도 신기한 경험을 반드시 해야 한다. 그리고 그 경험들은 성찰적 글쓰기로 마무리해야 한다. 글쓰기 관문은 이 암울한 세상을 넉넉히 이기기 위한 힘과 역량을 기르는 마지막 연습이기도 하다. 다음 글은 엄마와의 대화 끝에 딸 아이가 남긴 책과의 대화 글이다.

서로의 이야기를 해 주세요.

〈엄마의 마흔번째 생일〉이라는 책을 읽었다. 이 책에 나오는 인물들은 다 자기 주장만 말한다. 아빠는 엄마에게 "여자는 집에서 일하는 거야."라고 말한다. 여자도 일을 하는 게 당연한 일인데 아빠는 엄마에게 집에서 일만 하라고 하니 이건 성차별적인 말이 아닌가 하는 생각에 살짝 짜증이 났다. 여자는 집안일만 하라니…. 그건 좀 아닌 것 같다. 하지만 또 그렇다고 해서 아빠만 잘못이라고 말하기도 어렵다. 엄마도 잘못한 건 있다.

엄마는 할머니가 아픈데도 불구하고 계속 아빠 몰래 수업을 다니기 때문이다. 하지만 자신이 하고 싶은 일을 쉽게 포기하기에는 많은 시간이 필요하다. 나라도 할머니가 많이 편찮으시지만 내가 하고 싶은 일을 쉽게 포기하지 못할 것 같다. 하지만 그렇다고 해서 할머니의 투병은 엄마의 일만이 아니다. 아빠도 일을 어느 정도는 포기하고 엄마와 함께 도와야 한다. 어른들의 일은 복잡해서 경제적인 면도 어려울 수 있고 엄마 아빠가 서로 포기하지 못하는 이유가 있을 거지만 아빠는 무조건 엄마의 일만 포기하라고 하니 엄마의 기분도 썩 좋진 않을 것이다.

엄마가 할머니가 마음에 걸렸는지 아빠한테 할머니를 데리고 병원에 가라고 했는데 아빠는 엄마에게 버럭 소리만 질렀다. 그래서 엄마가 더 직장을 포기하고 싶지 않았는지도 모른다. 잘 하려고 해도 누가 나한테 막 소리 지르면 더 하기 싫어지기 때문이다. 하지만 아빠가 "정신이 있어? 어머니가 아픈데 직장을 나가겠다니…."라고 했을 때 솔직히 나도 이 말에 동의했다. 왜냐하면 할머니가 아픈데도 불구하고 끝까지 일을 나간다고 하니 아빠도 서운했을 것이다.

이 책을 읽고 말하고 싶은 것은 가족이 서로 존중해 줬으면 좋겠다는 것이다. 여자는 집에서 일만 하는 사람이 아니라 직장도 다닐 수 있고 무엇이든 원하는 것을 할 수 있는 사람이다. 여자도 일을 하는 것이 오늘날에는 당연한 일이며 집에서 일만 하라는 말은 엄연한 성차별이고 성편견이다. 누군가가 더 많이 일을 하는 것은 불평등한 가족이다. 그것은 아빠의 책임도 아니다. 엄마도 아빠에게 더 마음을 표현하고 이야기를 나눴으면 좋겠다. 그게 가족이라고 생각하기 때문이다.

나에게는 꿈이 있었다. 마틴 루터 킹처럼 거대하고 원대한 꿈은 아니었지만, 교사로서 제법 야무진 꿈이었다. 그 꿈은 우리 반 학생들이 공교육만으로도 충분한 교육을 받게 하는 것이었다. '충분한' 교육을 하는 교사가 되고 싶었다. 그런 꿈은 나를 올챙이 적부터 '책 읽는 교사'로 이끌었고, 하루도 빠짐없이 아침 시간마다 책을 읽어주는 일은 교사로서 가장 내세울만한 일이었다. 그러나 나의 기대와 열정만큼 내 학생들의 읽기 능력은 눈부시지 않았고, 책 읽기는 수려한 글쓰기 능력으로 연결되지 않았다. 수많은 별과 밤을 헤이며 일기장에 정성껏 댓글을 달아주던 나의 노력은 마치 나오지 않는 노다지를 바라며 땅을 캐는 허무함으로 이어졌다. 그렇게 10년을 고뇌하다가 온작품 읽기를 만나게 되었다. 처음에는 마냥 신이 나서 문학 작품을 읽고 학생들과 근사하면서 화려한 활동을 하는 데에 눈이 멀었다. 그런 나에게 내 옆의 스승은 "그게 아이들에게 어떤 의미가 있을까? 그 활동이 아이들이 배우는 데에 꼭 필요할까?"라는 물음을 던졌다. 돌이켜 생각해 보면, 배움은 늘 책 안에 있지 않았다. 배움은 사람과 사람 사이, 내가 만나는 관계 속에 있었다. 그 관계라는 텍스트는 신이 나서 이리 뛰고 저리 뛰는 나에게 허들을 놓아 주었고, 그 허들을 넘으면 또 다른 허들을 놓아 주며 잠시 멈추게 해 주었다.

학생들에게 중요한 것은 멋진 작품을 골라 읽고 여러 가지 활동을 해서 그 결과물을 교실 이곳저곳에 붙여 놓는 '있어 보이는' 수업이 아니었다. 하나의 텍스트를 읽더라도 깊게 읽는 방법을 교사와 함께 체득해 가는 과정이었다. 한 번도 텍스트를 깊이 읽는 것이 무엇인지 배우지 못했던 나로서는 신선한 경험이었고 낯선 세계였다. 그렇지만 그 낯선 세계의 문을 두드리고 문턱을 넘는 경험을 해 본 지금, 올챙이 교사 시절에 꾸었던 그 꿈에 한 발자국 다가가는 방법이 '깊이 읽기'에 있었음을 깨닫는다.

이 책에서 1장과 2장, 3장에 걸쳐 풀어내고 싶어 했던 내용은 결국, '깊이 읽기'였다. 텍스트(여기에서는 인쇄물을 포함한 모든 대상, 사람과의 대화까지 텍스트라 정의한다.)를 깊이 읽기 위해서 내가 깨달은 경이로운 경험을 다른 교사들과 나누고 싶었다. 텍스트에 밑줄을 긋고 동그라미를 치며 확장되는 생각들을 주절주절 적으면서 그것들을 다시 정리하는 과정, 그리고 그것을 '함께' 읽으며 깊어지고 넓어지는 경험들. 학생들과 동료 교사들과 나의 소중한 자녀들과 온작품으로 난 '거리'를 걸으며 비로소 좁혀졌던 관계의 '거리'. 깊이 읽기는 놀라운 세계의 문을 열어 준다. 그것을 나의 학생들이 경험했으면 좋겠고, 동료 교사들 또한 경험하여 더 많은 학생들이 작품의 문턱으로 들어가길 바란다.

책만 읽으라고 하면 울어버리던, 책만 펼치면 안드로메다로 떠나던, 책 속 이야기를 물어보면 자기 이야기하느라 바쁘던, 나의 철수와 영희들은 일 년이라는 시간이 지나면서 조금씩 눈빛이 변하였다. 입을 옹알거리면서 들릴 듯 말 듯 책을 읽어보기도 하고, 쉬는 시간이 되도 책을 손에서 놓지 못하고, 다음 이야기가 궁금하다며 화장실까지 졸졸 따라오곤 했다. 그 작지만 기적 같은 변화들은 내가 교사로서 가장 살아있음을 느끼는 순간으로 기억된다. 지금도 누군가 교사로서 언제가 가장 행복하냐고 물으면, 나는 자신 있게 대답한다. 교실에서 책 넘기는 소리만 들릴 때, 책을 뒤적이며 사각사각 연필 소리가 교실에 공명이 되어 내 귀에 되돌아 올 때. 나는 그때 시간을 멈추고 싶을 만큼 행복함과 편안함을 느낀다. 그리고 집으로 퇴근하는 길에 '오늘도 밥값을 하였구나.'하며 안도한다. 그런 날이 더 많아지길 기도하고 바라본다. 그러기 위해서 또 서점을 뒤적이며 아동 잡지대 앞을 서성인다.

나의 스승은 잘난 척 하며 신난 나에게 '넌 아직 뛰기 위해 웅크린 개구리'라고 말해준 적이 있다. 그 이야기를 처음 들었을 땐 그렇게 서운했는데, 이 원고를 퇴고하며 그 말을 주억거리게 된다. 한결 겸손해진다.

아직은 웅크린 개구리가 맞구나. 그렇지만 더 멀리 뛰기 위해서 지금 단단히 벼르며 웅크리고 있는 거구나. 잘난 척 하며 꼬리를 흔들어대던 올챙이 적도 잊으면 안 되겠구나.

뛰지도 못하면서 열심히 잘난척하는 올챙이의 이야기에 귀 기울여준 심영택 교수님 덕분에 철모르고 신나게 수다를 떨며 작업할 수 있었다.

온작품 읽기에 대한 수다는 고스란히 녹음 파일이 되었고, 교수님의 판서와 녹음 파일을 토대로 글을 써내려갈 수 있었다. 거친 글들을 다시 함께 고쳐가며 수많은 이야기들과 글들이 오갔다. 그러한 2년의 과정으로 이 원고가 쌓여갔다. 권위 대신 수다의 돗자리를 깔아주신 교수님의 공부 방식은 두고두고 자랑하고 여기저기서 몸소 행할 것이다.

내가 가는 길 앞에 천천히 허들을 놓아주는 나의 텍스트에게 이제 개구리의 도약을 지켜보시라 이야기하고 싶다.

2020년 온전히 가을밤을 깊이 읽으며,

고미령 씀.

1부 온작품 읽기에 대한 오해와 이해

1   강유원, 〈인문, 고전 강의〉, 2010, 라티오/ 정민, 〈고전 독서법〉, 2012, 보림/ 황광우,
    〈고전혁명〉, 2012, 생각정원/ 강유원, 〈역사, 고전 강의〉, 2012, 라티오/ 안진훈, 〈고
    전은 내 친구〉, 2014, 21세기 북스/ 송재환, 〈다시, 초등 고전읽기 혁명〉, 2018, 글
    담 등 중등 입시에 해당하는 고전 읽기 도서를 제외하고도 일반 독자를 대상으로 한
    '고전'을 키워드로 한 도서는 약 30,000권을 넘어섰다.(출처: 도서사이트, '알라딘':
    https://www.aladin.co.kr/)

2   이동진, 〈닥치는 대로, 끌리는 대로, 이동진 독서법〉, 위즈덤 하우스, 2017.

3   특이점이란 인공지능이 비약적으로 발전해 인간의 지능을 뛰어넘는 기점을 말하는
    데 미국의 수학자 존 폰 노이만, 영국의 컴퓨터 과학자이자 수학자인 앨런 튜링, 미
    국 컴퓨터 공학자인 버너 빈지 등이 이 개념을 발전시켜 왔다. 미국 컴퓨터 과학자
    이자 알파고를 개발한 구글의 기술부문 이사인 레이먼드 커즈와일은 2005년 저서
    《특이점이 온다》를 통해 구체적으로 특이점에 대하여 기술하였다.

4   말콤 글래드웰, 〈아웃라이어〉, 김영사, 2009.

5   이는 2019년 청주교육대학교 국어교육과 대학원 수업 당시 '온작품 읽기'를 주제로
    '책 길들이기'에 대한 이야기를 재구성한 것이다.

6   '방주(傍註)'의 사례는 김용석(2000)의 〈미녀와 야수, 그리고 인간〉에서 볼 수 있다.
    /김용석, 〈미녀와 야수, 그리고 인간〉, 푸른숲, 2000.

7   강형욱, 〈당신은 개를 키우면 안 된다〉, 혜다, 2014. /투리드 루가스 지음, 강형욱 감
    수, 〈카밍 시그널〉, 혜다, 2018.

8   카밍 시그널(calming signal)이란 개가 불안함을 느껴 자신과 상대방을 진정시키고
    안정을 찾고 싶을 때 사용하는 몸짓 언어를 이야기 한다.

9   박영숙, 〈꿈 꿀 권리〉, 알마, 2014.

10 마치 앨봄, 〈모리와 함께한 화요일〉, 살림, 2010.

11 아무리 영리하고 빠른 사람도 자만에 빠져 자신의 일에 진정어린 관심을 갖고 열과
    성을 다해 집중하지 않는다면 실패할 수도 있다는 교훈도 물론 있다.

12 http://blog.naver.com/kyhee3939

13 매리언 울프, 전병근역, 〈다시, 책으로 : 순간접속의 시대에 책을 읽는다는 것〉, 어크
    로스, 2019.

14 이동진, 〈닥치는 대로 끌리는 대로 오직 재미있게, 이동진 독서법〉, 예담, 2017.

15 Sphinx(스핑크스)는 고대 설화에 나오는 상상의 창조물로 이집트와 그리스, 그리고 중동의 여러 나라에 전해온다.

16 "What has one voice and becomes four-footed and two-footed and three-footed?"이 수수께끼는 어렸을 때 손 발 즉 네 발로 기고, 어른이 되면 두 발로 걷고, 늙으면 지팡이를 짚어서 세 발이 되는 '인간'을 비유한 것이다.

17 진중권, 〈교수대 위의 까치〉, 휴머니스트, 2009.

18 김영민, 〈탈식민성과 우리 인문학의 글쓰기〉, 민음사, 1998.

19 유영희(1995), 패러디를 통한 시 쓰기와 창작 교육, 국어교육연구, Vol.2 No.1

20 이 논문에서는 패러디된 작품이 패러디되기 전 기존의 작품을 기반으로 재구성되어야 한다는 것을 '전통으로의 복귀'라는 말로 설명하고 있다.

21 린다 허천, 〈패러디 이론〉, 문예출판사, 1992.

22 박지희 · 차성욱, 〈온작품을 만났다, 낭독극이 피었다〉, 휴먼에듀, 2019.

23 조한혜정, 〈글 읽기와 삶 읽기 1: 탈식민지 시대 지식인의, 바로 여기 교실에서〉, 또 하나의문화, 1995.

24 엄훈, 〈학교 속 문맹자들〉, 우리교육, 201. 이 글에서 '창우'라는 아이는 활달하고 수업에도 적극적이지만 읽은 내용을 전혀 이해하지 못하는 '문맹자'였다. 이 글의 저자는 교사로 재직 중 수업시간에 읽는 척 하며 내용을 이해하지 못하는 창우를 만나게 되고 이때부터 교실 속에 창우와 같은 이해하지 못해도 아는 척, 이해한 척 하는 생존전략을 사용하여 문제를 해결하지 못해 누적되는 '읽기 부진아'의 문제에 집중하게 된다.

25 심영택 · 윤어진(2018), A교사의 교육철학에 기반한 국어 수업 비평 사례, 한국초등국어교육 제65집, 한국초등국어교육학회.

26 칙센트미하이(Mihaly Csikszentmihalyi)는 처음에 '불안'상태에 있다고 하더라도 계속해 나아가는 동안 능력이 향상되어 결국은 '각성'의 영역을 거쳐 '몰입'의 영역으로 들어가게 된다고 설명한다. '몰입(Flow)'은 같은 일을 계속하면 결국은 많은 기술을 습득하게 되어 몰입에서 '자신감'으로 영역을 옮겨가게 된다. 그렇게 되면 이른바 '안정'영역에 들어가 편안한 상태가 된다. 교사는 이러한 학생의 불안한 상태에서 몰입과 안정, 더 나아가 성장의 균형을 이루기까지 어떻게 학생을 도와주어야 하는지에 대한 시사점을 고민해야 한다.

27 헬라어로 '앎'은 기노스코(ginôskô)로 당사자가 경험을 통해 아는 것을 의미하는데, 그 구체적인 사례는 성경 누가복음(1:34)에 마리아가 천사에게 말하기를 "나는 남자를 알지(ginôskô) 못하는 데, 어떻게 이런 일이 있겠습니까?"이다. 한편, 히브리어로 '앎'은 야다(yada)인데, '아담이 자기 아내 하와와 동침하니(yada), 아내가 임신하여 가인을 낳았다'에서 동침의 의미이다. (http://biblehub.com)

28 박지희 · 차성욱, 〈온작품을 만났다, 낭독극이 피었다〉, 휴먼에듀, 2019.

29   이혁규(2010), 수업비평의 방법과 활용, 열린교육연구, Vol.18 No.4

30   염은열(2010), 문학 교사'되기'에 대한 치료적 접근의 필요성과 그 방향 탐색, 한국문학치료학회.

31   헬레나 노르베리 호지, 〈오래된 미래〉, 중앙북스, 2015.

32   교육부 주관 2019 국가시책 「교원의 전문성 강화」 사업 중, 2019 '한 학기 한 권 읽기' 설문조사 분석보고서 참고.

33   전국초등국어교과모임 책과 노니는 교실, 〈다시, 온작품 읽기─아이들과 통한 날〉, 북멘토, 2019.

34   현재 2015개정 교육과정에서 '한 학기 한 권 읽기'를 위한 시간은 '8차시'로 지정되어 있다.

35   엄훈, 〈학교 속의 문맹자들〉, 우리교육, 2012.

36   전국초등국어교과모임 책과 노니는 교실, 〈다시, 온작품 읽기─아이들과 통한 날〉, 2019, 북멘토.

37   이하 논의의 편의상 간단히 'PCK'로 표기하기로 한다.

38   원종찬 외 11명, 〈교사를 위한 온작품 읽기〉, 창비, 2019.

39   조한혜정은 '서양이론의 직속제자'가 되는 것을 경계해야 한다고 주장한 바 있다. 즉, 작가가 만들어놓은 작품의 세계를 올곧게 파악한 뒤, 자신만의 세계를 만들어 가라는 의미이다. 바람직한 책 읽기 방법이란 필자의 의도와 시대의 역사성에 비추어 텍스트를 읽은 다음, 끊임없이 그 개념을 이해하고 비판적으로 의심하는 훈련이다. 그것이 바로 책을 제대로 해석하는 방법이다.(조한혜정, 〈탈식민지 시대 지식인의 글 읽기와 삶 읽기 1〉, 또하나의문화, 1992.)

40   피에르 드 쿠베르탱(Pierre de Coubertin)은 프랑스 출신으로 올림픽부흥운동을 시작하여 국제올림픽위원회(IOC)를 창설하였다. 올림픽의 발전과 운동추진에 일생을 바쳤으며 스포츠와 교육의 연관성을 주장한 근대 올림픽 경기의 창시자이다.

41   이진경 · 이수영 저, 〈모더니티의 지층들〉, 그린비, 2007.

42   김소영 기자, 중대신문사(1999. 09.01)

43   이우근 변호사(법무법인 한승), 2008년 07월 07일, 〈교회와 신앙〉

44   홍천여고 교사들은 학생들을 1학년 때부터 3학년에 이르기까지 3년 동안 세 가지의 수레바퀴라는 테마를 가지고 독서토론을 수업 속에서 진행하였다. 1학년 때에는 독서토론의 방법을 치밀하게 지도하여 연습하고 2학년 때부터는 독서 동아리를 만들어서 영화와 책, 책 파티, 지역 학교와 연계한 잔치 등을 학생들이 스스로 기획하고 책을 즐기도록 만들어 주었다. /서현숙, 허보영, 〈독서 동아리 100개면 학교가 바뀐다〉, 학교도서관저널,2019.

45   김상욱, 〈시의 길을 여는 새벽별 하나〉, 푸른나무, 1998.

46   정희성, 〈저문 강에 삽을 씻고〉, 창작과 비평사, 1978.

47 이 그림은 김상욱의 저서 〈시의 길을 여는 새벽별 하나〉중 첫째마디, '박재동의 만화를 보며/문학이란 무엇인가'에 삽입된 〈한겨레 신문〉 박재동의 만화이다.

48 어린이경제신문(2016.05.26.)

49 윤영돈 코치(2019.1.9.) 인터뷰 자료(www.yooncoach.com.)

50 만독하는 방법은 고영성, 〈어떻게 읽을 것인가〉, 스마트북스, 2015./제 4장에 잘 소개되어 있다.

51 고두현 시인과의 인터뷰 자료(윤영돈 코치, 2019.1.9. www.yooncoach.com.)

2부 온작품 깊이 읽기

1 베르트하이머(Maximilian Wertheimer, 1880-1943))는 '게슈탈트(Gestlat)'라는 형태 심리학을 연구하여 전체가 존재하며 전체의 행동은 개개의 요소들의 작용에 의해 결정되지 않는다고 하였다. 오히려 요소들(부분)의 처리 과정이 전체의 고유한 성질에 의해 결정된다는 주장을 하였다.

2 이진경(2010b)은 각 개체나 요소가 공통으로 소유하고 있는 성질을 뜻하는 '공통성'과 공동성이란 복수의 이질적 구성요소들을 하나로 묶어주는 개념을 구분하였다. 즉, 공통성이라는 그 기준에 부합하지 않는 다양한 차이를 배제하는 내부성을 원리로 하는 공동체와, 공동성의 외부를 통해 스스로 끊임없이 변이하는 외부성을 원리로 하는 공동체를 구분하였다. 참고: 이진경(2010b). 코뮤주의: 공동성과 평등성의 존재론, 그린비./곽영순, 〈교사학습공동체〉, 2017, 교육과학사.

3 김욱동, 〈대화적 상상력〉, 문학과지성사, 1988.

4 꼼꼼하게 읽기는 이순영(2015)에서 주로 사용하는 용어로, close reading, 즉 '미시적 읽기'(김명순 외, 2012)와 동일한 의미를 갖는다. 참고: 한상희(2016), 「온작품읽기를 통한 초등 독서지도 방안 연구」, 제주대학교 교육대학원 석사 논문.

5 scaffolding이란 '비계'로 번역이 되며 이는 이동이나 초보자가 주어진 과제를 잘 수행할 수 있도록 유능한 어른이나 성인, 혹은 또래가 도움을 제공하는 지원의 기준이나 수준을 의미한다.

6 충북교육청 유초등교육과(학교혁신과)와 청주교육대학교 교육연수원이 주최하는 '전문적학습공동체 운영자 역량강화 연수'는 충북 지역의 초·중·고등학교 교사들로 구성되어 전문적 학습공동체를 이끌어가는 리더로서의 역할과 고민을 나누며 성장하기 위한 방법을 찾고자 하였다. 이 책에서는 '교육과정'과 '수업', '책 읽기'분과로 구성된 가운데 '책 읽기'분과에서 실행한 책 읽기 프로토콜의 과정을 설명하였다.

7 퍼트리샤 마이어 스팩스, 〈깊이 읽기의 기술, 리리딩〉, 오브제(다산북스), 2013.

8 '어빙 재니스'라는 학자는 가장 뛰어난 능력을 가진 사람들로 구성된 집단의 의사

결정에서 발생하는 문제를 '집단 사고'라는 표현으로 설명했다. 즉, 동일한 집단 구성원 간에 의사 결정이 일어날 때, 그 문제 상황과 관련하여 나타날 수 있는 가능한 대안이나 반대되는 정보를 고려하기 어려운 사고 과정에서 문제가 생긴 것이다. 참고: 청소년을 위한 사회학 에세이, 2011. 9. 구정화, 신동민, 박새로미

9   사이토다카시, 〈독서력, 우리는 무엇을 어떻게 왜 읽어야 하는가〉, 웅진지식하우스, 2009.

10   EBS 육아프라임, [Part 4. 언어의 수수께끼] 5화 − 글자, 언제 배워야 효과적일까? /이경화, 한글 문해교육, 초등교과교육연구 28호.

11   이차숙(2012), 유아를 위한 멀티리터러시 교육내용과 방법 탐색, 한국영유아보육학, Vol.71

12   문식성(文識性)(literacy)은 단순히 글을 소리 내어 발음하고 읽는 것 이상으로 읽기와 쓰기에 대한 태도와 기대, 생활 속에서 그 행동이 갖는 의미와 가치를 포함한다.

13   Brumberer, 2011: Burmark, 2002.

14   Nodelman,P, 〈그림책론〉, 1996. 김상욱 역(2011).

15   안영길, 〈그림책의 글과 그림읽기 지도 방안 연구〉, 2014. Nodelman(1996)에 의하면, 그림책에서 글과 그림은 유기적 관계와 아이러니, 그리고 리듬감을 갖는다고 한다(안영길, 2014 재인용).

16   황미해(2007), 문학반응 활성화를 우한 그림책 그림 읽기 교수−학습 방안 연구, 한국교원대학교 석사학위논문.

17   유진 피터슨, 〈이 책을 먹으라〉, 한국기독교학생회 출판부, 2006.

18   해시태그의 해시(hash)는 '끌어모음'이라는 뜻이고 태그(tag)는 '꼬리표'라는 의미로 특정 단어나 문구 앞에 '#'를 써서 정보를 공유할 수 있도록 만든 기능을 말한다.

19   비고츠키, 한양대학교 사회인지발달연구 모임 역, 〈마음의 사회적 형성〉, 정민사, 1995.

20   지역에 따라 '깜지'라는 말로 불리기도 한다. 깜지는 흰 종이에 까만 연필심으로 빈 틈없이 적어내어 흰 종이가 까만 종이처럼 보인다는 말에서 유래되었다고 본다. 빽빽이나 깜지는 모두 정확한 유래가 알려진 바는 없으나 현대에는 거의 쓰이지 않고 지양해야 하는 과거의 기계적 암기 방법이라고 할 수 있다.

21   이선희(1995), 받아쓰기의 방법과 그 용역 연구, 연세 석사학 논문. 이수진(2010), 작문 능력 발달 연구의 지향, 〈한국어문교육〉 제21집, 한국 어문연구소. 박광우(2011), 받아쓰기에 대한 초등 교사들의 인식 및 지도 실태, 대구교대 학사 논문.

22   tvn,〈요즘, 책 읽어드립니다.〉 프로그램의 패널인 배우 문가영의 독서노트. 어렸을 때부터 꾸준히 책을 읽고 작성한 자신의 독서노트를 소개한 바 있다.

23   사이토 다카시, 〈독서력−우리는 무엇을, 어떻게, 왜 읽어야 하는가〉, 웅진지식하우스, 2009.

24   SBS 〈영재발굴단〉, '세상을 그리는 천재 아티스트 13세 채은이', 225회.

25   파블로 피카소의 〈황소〉그림. 피카소는 기초 데생작업을 튼튼히 하여 구체적인 관찰
      과 연습 후에 오늘날 그만의 추상화 그림을 그릴 수 있었다.

26   레오나르도 다빈치의 습작 노트 중 일부분.

27   이동진, 〈닥치는 대로, 끌리는 대로, 오직 재미있게 이동진 독서법〉, 위즈덤하우스,
      2017.

28   〈열자(列子)〉 '탕문편(湯問篇)'에 나오는 고사성어로 중국의 우공이라는 90세의 노
      인이 집 앞의 커다란 산과 바다를 옮기기 위해 돌멩이를 나르는 것을 보고 유래한
      말이다. 남들이 보기에는 작고 어리석은 행동으로 보일지라도 꾸준히 노력하면 산
      과 바다를 옮길 만큼 커다란 성취를 얻을 수 있다는 의미이다.

29   서천석, 〈그림책으로 읽는 아이들 마음〉, 창비, 2015.

30   퀴블러 로스(Kübler-Ross)는 시카고 대학의 의사로 1969년 200여 명의 말기 암 환
      자의 죽음을 바라보면서 죽음을 맞이하는 인간의 단계를 '부정', '분노', '타협', '우
      울', '수용'의 5가지로 제시하여 이론화하였다.

31   서천석, 〈그림책으로 읽는 아이들 마음〉, 창비, 2015.

32   심영택·윤어진(2018), A교사의 교육철학에 기반한 국어 수업 비평 사례, 한국초등
      국어교육 제65집, 한국초등국어교육학회.

33   Edward.T.Hall, 〈Hidden Dimension〉, AnchorBooks/Doubleday, 1990.

34   데즈먼드 모리스, 〈맨 워칭-인간 행동을 관찰한다〉, 까치, 1994.

35   하부르타(chavruta)란 나이, 계급, 성별과 관계없이 두 명이 짝을 지어서 서로 논쟁
      을 하면서 진리를 찾아가는 토론 방식을 말한다. 유대교 경전인 탈무드를 공부할 때
      사용하는 방식이지만 이스라엘의 모든 교육 과정에 적용된다. 유대인들만의 독특한
      교육 방법이긴 하지만 공부법이라기보다는 토론법이라고 보는 것이 맞겠다. '두 사
      람이 모이면 세 가지 의견이 나온다.'는 이스라엘 격언은 이런 문화에서 나온 것이
      라 할 수 있다. 탈무드 교육전문가 헤츠키 아리엘리 글로벌엑셀런스 회장은 "토론
      의 승패는 중요하지 않다."며 "논쟁하고 경청하는 것이 중요한 과정"이라고 강조했
      다.('한경닷컴 사전' 참고)

36   진형민, 〈소리질러, 운동장〉, 창비, 2015.

37   김영하, 〈읽다〉, 문학동네, 2015.

38   「비포 선라이즈」는 1995년 리처드 링클레이터 감독의 작품으로, 예기치 못한 만남
      과 단 하룻밤의 동행에서 셀린느와 제시는 서로가 가지고 있는 사랑과 실연의 아픔,
      결혼과 인생의 의미, 죽음 등에 대해 진지한 얘기를 나누며, 젊은이다운 열정과 순
      수함으로 풋풋한 사랑에 빠지게 된다. 밤새 비엔나 거리를 돌아다니는 사이, 제시는
      미국으로, 셀린느는 빠리로 떠나야 할 날이 밝아오면서 너무나 우연하고 짧은 만남
      속에서 싹튼 사랑의 감정에 확신을 못하며 주저한다.

39 〈천일야화(Thousand and One Night)〉는 동화, 전설, 우화 등으로 구성되어 있다. 샤리아르 왕은 왕비가 부정한 일을 저질렀음을 알게 되자 왕비와 배신자들을 처단한다. 그리고 모든 여성들을 혐오하여 매일 새 신부를 맞이했다가 다음 날 죽이는 일을 반복한다. 맏딸 샤흐라자드는 꾀를 내어 자신과 다른 처녀들을 구하기 위해 아버지에게 자신을 왕과 결혼하게 해달라고 한다. 샤흐라자드는 결혼 첫날부터 매일 밤 왕에게 이야기를 들려주었는데, 그녀는 이야기의 끝을 맺지 않고 다음 날 밤에 마치겠다는 약속을 한다. 왕은 이야기의 끝이 궁금해 하루하루 그녀의 처형을 연기하다가 결국 여성에 대한 잔인한 보복을 단념하기에 이른다. (출처: https://100.daum.net/encyclopedia)

40 카타르시스(katharsis)는 정화, 배설을 뜻하는 그리스어로 아리스토텔레스의 〈시학(詩學)〉 제6장 비극의 정의 가운데 나오는 용어이다. 비극에서 주인공의 비참함에 관중은 두려움과 연민의 마음이 유발되면서 동시에 인간적 정념이 순화된다고 하는 일종의 승화작용으로 해석된다.

41 이동진, 〈닥치는 대로, 끌리는 대로 오직 재미있게 이동진 독서법〉, 위즈덤하우스, 2017.

42 얼룩 고양이는 늘 누군가의 고양이로 살다가 자신의 의지와는 상관없이 죽음을 맞는다. 주인은 모두 얼룩 고양이를 아끼고 죽음에 대해 슬퍼했지만 얼룩 고양이는 백만 번 죽고 백만 번 살아나면서 행복해 하지 않는다. 그러다가 흰 고양이를 사랑하게 되고 흰 고양이와 새끼를 낳고 행복하게 살던 중 흰 고양이가 죽게 되고 처음으로 목 놓아 울게 된다. 얼룩 고양이는 슬퍼하다가 흰 고양이를 따라 죽음을 맞이하고 다시는 다시 태어나지 않았다고 하는 이야기이다. (사노요코,〈백만 번 산 고양이〉, 2002, 비룡소.)

43 2018년~2019년 청주교육대학교 '전문적학습공동체 리더 역량 강화 연수'에서 책 읽기 분임에서 교사들이 함께 〈백만 번 산 고양이〉를 읽고 토의한 내용을 정리하였다.

44 신동집, 〈오렌지〉, 김춘수 〈꽃〉, 전문 부록 참고

45 클리셰(cliché)란 진부한 표현이나 고정관념을 뜻하는 프랑스어로 영화나 드라마 등에서 진부한 장면이나 판에 박힌 대화, 상투적인 줄거리, 전형적 수법이나 표현을 뜻하는 용어로 사용된다.

46 고대의 책(冊)은 대나무를 직사각형으로 잘라 여러 장을 가죽 끈으로 엮어 만들었다. 그래서 책을 많이 읽다 보면 가죽 끈이 끊어지기도 했다. '위편삼절'이란 가죽 끈이 여러 차례 끊어졌다는 뜻이다.

47 '교사독자'란 자신의 감각과 안목으로 텍스트에 대한 새로운 이해나 해석을 도출하고자 하는 열정적인 학습자이자, 동시에 자신의 읽기 경험과 성찰을 학생독자와 소통하고 공유하는 방법을 탐색하는 수업 설계자이다. (심영택, '자기연구로서 교사독자의 읽기 경험에 대한 반성적 고찰', 2015)

3부 온작품 읽기 수업하기

1   박지희 · 차성욱, 〈온작품을 만났다, 낭독극이 피었다〉, 휴먼에듀, 2019.

2   2019년 청주교육대학교 국어교육학과 대학원 온작품 읽기 수업시간에 발췌한 내용
     이다.

3   EBS 다큐프라임, 「슬로리딩, 생각을 키우는 힘 3부작」, 2014년 10월 방영.

4   이경화 외(2017), 초등학교 국어 '독서 단원' 중심 학교교육과정 재구성 방안, 통합교
     육과정연구, Vol.11 No.4

5   2019년 청주교육대학교 국어교육학과 대학원 온작품 읽기 수업시간에 발췌한 내용
     이다.

6   2019년 청주교육대학교 국어교육학과 대학원 온작품 읽기 수업시간 전사자료

7   매슬로우(Maslow)는 인간의 동기가 작용하는 형태를 생리적 욕구, 안전욕구, 애정
     과 소속의 욕구, 존중 욕구, 자아실현의 욕구의 5단계로 설명했다. 각 욕구는 맨 아
     래 층의 욕구가 충족되어야만 상위 욕구가 나타난다고 설명하였다. 최근에는 단계
     적 욕구 이론의 한계로 다른 이론의 보완이 이루어지고 있으나 아동이 어떤 욕구로
     자아가 발달하는지 잘 보여주고 있다.

8   1919년 발도르프 학교를 설립한 슈타이너(Steiner)는 인간의 발달 단계를 크게 3단
     계로 구분하였다. 0~7세, 7~14세, 14세~21세의 단계이다. 제 1단계에서는 전적으
     로 감각적으로 수용하므로 모방할만한 환경을 만들어주는 것이 중요하다고 하였다.
     제 2단계는 신체발달의 힘이 생기고 기억력이 생기므로 체험과 느낌으로 세계를 수
     용하도록 한다. 제 3단계에서는 각성된 이성과 판단력으로 명확한 형태의 판단력 훈
     련이 중요시된다고 하였다.

9   염은열(2003), 문학교육과 학습자의 발달단계, 문학교육학, Vol. 11

10   행복한아이연구소 소장인 소아정신과 의사 서천석은 〈그림책으로 읽는 아이들 마음
     〉, 2015에서 사물의 영속성을 이해하는 단계에서 놀이를 통한 반복과 학습, 몰입과
     탐색, 애착과 사랑, 거울 역할, 자아 존중감의 형성부터 통념 비틀기와 주체성 확립,
     시간과 변화 이해를 설명하였다. 이는 아이가 성장함에 따라 겪을 수 있는 발달과제
     의 특징을 서술함으로써 그림책을 통해 아이의 특성을 폭넓게 이해할 수 있도록 한
     점에서 주목할 만하다.

11   2017년 5월부터 7월까지 방영한 tvn, 「수업을 바꿔라 1」 중 1회, '핀란드의 움직이는
     학교' 편.

12   PISA(program for international student assessment)는 학업성취도 국제비교연
     구로. 각국 교육정책 수립의 기초자료를 제공하기 위해 만 15세 학생을 대상으로 읽
     기(글 이해력), 수학, 과학 능력을 평가하는 프로그램이다. 평가는 보통 3년마다 진
     행된다.

13 권재원, 〈그 많던 똑똑한 아이들은 어디로 갔을까?〉, 지식프레임, 2015.

14 정혜승·서수현(2016), 핀란드 국어교육과 초등학교 국어 교과서의 특징 분석, 한국독서학회.

15 정혜승·서수현(2016), 핀란드 국어교육과 초등학교 국어 교과서의 특징 분석, 한국독서학회.

16 「죽은 시인의 사회」는 1990년에 개봉한 피터 위어 감독, 로빈 윌리암스 주연의 영화이다. 우리나라 강남과 비견할만한 명문 사립고에서 키팅 선생님은 '까르페 디엠(현재를 즐겨라)'이라는 말로 기존 교육 방식을 뒤흔든다. 키팅 선생은 시에 대한 수업을 하는 중, 작품을 평가하는 텍스트의 일부분을 찢기 시작한다. 이는 틀에 박힌 해석과 권위에 대항하는 행위로 텍스트를 어떻게 읽어야 하는가에 대한 본질적인 질문을 제기하는 장면이다.

17 교수학적 변환은 뒷부분에서 다시 소개하고자 한다.

18 '교육권리'은 헨리 지루의 '교실권력'에서 아이디어를 차용한 것이다. 그는 교사가 행사하는 교수권, 체벌권, 평가권 등을 포함한 권력을 '교실권력'으로 보고 있다. 그는 교실에서 누구의 '목소리'가 가장 크게 울려 퍼지고 작동하고 있는지를 통해 그 실체를 확인하고자 한다. 나아가 '교실권력 나눠 갖기'를 제안하면서, 교실에서 학생들의 '목소리'가 자연스럽게 울려 퍼지는 훈련을 연습할 것을 강조하고 있다. 말하자면 교실에서 '민주주의'와 '민주적인 의사소통'을 제대로 경험해야 우리 사회를 바꿀 수 있다고 보고 있다. 헨리 지루, 이경숙 옮김, 〈교사는 지성인이다〉, 아침이슬, 2001.

19 참학력 기반 초등교육 실천 및 교육과정 개발, '교육과정 개발자로서의 교사'-참학력 기반 교육 실천 기록의 교육과정화를 중심으로, 2019. 11. 전북도교육청 주최

20 〈표2〉의 내용은 교사들의 교사교육과정 및 학교교과목 개발 연구 결과 중 일부만을 발췌하였다.

21 교수학적 변환(Didactic transposition)에 대한 연구 논문은 다음과 같다. 강완(1991), '수학적 지식의 교수학적 변환'. 수학교육 제30권 제3호, 한국수학교육학회지. 이경화(1996), '교수학적 변환론의 이해', 수학교육학연구 제6권 제1호, 대한수학교육학회지. 심영택(2002), '국어적 지식의 교수학적 변환 연구', 국어교육 제108호, 국어교육학회.

22 Brousseau, G(1997), Theory of Didactical Situations in Mathematics, edit and translated by Balacheff, N. et. al., Kluwer Academic Pub, pp. 21–29.

23 이경화(1996:204)에서 원용한 것임.

24 이 열일곱 꼭지와 열여덟 꼭지는 원고를 논문화하여 청주교육대학교 교육연구원 학술지 〈학교와 수업연구〉, 5권 2호(2020년 8월)에 게재하였습니다.

25 박지희, 차성욱, 〈온작품을 만났다, 낭독극이 피었다〉, 휴먼에듀, 2019.

26 노미란 외 6명(2019), 상상기반 창의 · 인성 사고가 자라는 '한 학기 한 권 읽기'수업 혁신 연구, 충청북도교육정책연구원.

27 제인 넬슨 외(2013), 〈학급긍정훈육법〉, 김성환, 강소현, 정유진 옮김(2014), 에듀니티, 25-26쪽.

28 박지환(2018)은 '혁신학교를 둘러싼 학력저하 논쟁'에서 '학력'의 의미를 한 줄 세우기의 서열 위주의 방식이 아닌, 학생의 성장 과정을 중시하여 고차원적인 사고능력과 역량을 신장시키는 것이 '학력'이라고 지적한 바 있다.(박지환, 〈지역사회 혁신학교 만들기와 과정 중심 교육에 대한 성찰〉, 2018. p.196~201.)

29 초등교육과정 연구모임, 〈초등교육을 재구성하라!〉, 2013. /이윤미 외, 〈주제통합, 아이들을 수업의 주인공으로!〉, /서울 신은초 교육과정 연구교사 모임, 〈리셋, 교육과정 재구성〉, 2015. /고영희 외, 〈초등학교 교육과정 재구성의 노하우〉, 2016. /이현정 외, 〈프로젝트 수업, 배움을 디자인하다〉, 2017. /최경민 외, 〈학교가 행복한 우리 아이들 이론편- 제 4차 산업혁명 학교교육 희망 이야기! 교육과정 재구성에서 희망을 찾다〉, 2018 외 다수.

30 정광순(2012), 교사의 교육과정에 대한 문해력, 통합교육과정연구, Vol.6 No.2/ 박윤경 외 (2017), 교육과정 문해력의 개념 정립을 위한 시론, 교육연구논총, Vol.38 No.4

31 "중요한 것은 바로 아이와 아이들을 구분하는 것이다. 여기서 아이가 다른 아이들과 바꿀 수 없는 바로 그 단독적인 아이라면 아이들은 아이라는 일반성에 포섭되는 특수한 아이들을 가리킨다. 앞에 있는 타자의 단독성을 외면하고, 자신이 믿는 신념을 그 타자에게 관철하려는 것 말이다." (강신주, 〈김수영을 위하여〉, 천년의상상, 2012, 120-121)

32 이하 〈설계도(Ⅰ)〉, 〈설계도(Ⅱ)〉, 〈설계도(Ⅲ)〉으로 간단히 명명하고자 한다.

33 〈화장실에 사는 두꺼비〉는 김리리 작가의 작품명이자, 또한 온작품 읽기 프로젝트의 이름이기도 하다.

34 〈화장실에 사는 두꺼비〉의 주인공인 준영이는 학업 스트레스로 변비에 걸리고 이를 두꺼비가 해결해주는데, 이야기 전개에 있어서 '변비'와 '똥'은 굉장히 중요한 역할을 한다. 또한 패스트푸드나 편식으로 '변비'에 대한 고민을 가지고 있는 학생이 의외로 많기 때문에 이를 주제로 여러 가지 원인을 가설을 세워 실험하고 문제를 해결해보는 과학적인 탐구 보고서를 작성하도록 하였다.

35 온작품으로 학습할 수 없는 내용, 이를 테면 전기문이나 주장하는 글, 정보 전달적인 글과 같은 비문학의 경우, 교과서 제재와 문항, 그리고 활동 등을 성취기준을 중심으로 신중하게 취사선택해야 한다.

36 이성영, 〈국어교육의 내용 연구〉, 서울대학교출판부, 1995, 370쪽에서 재인용.

37 2017~2018학년도에 거쳐 학생들과 함께 수업하면서 만든 온작품 대안 교재는 김

리리의 〈화장실에 사는 두꺼비〉/진형민, 〈소리 질러, 운동장〉/백희나, 〈알사탕〉, 〈이 상한 엄마〉, 〈삐약이 엄마〉/서현, 〈눈물바다〉/윤재인, 오승민의 〈찬다 삼촌〉 등이 있다.

38 '교육과정-수업-일체화'라는 개념은 수업의 중심이 학생에 있고, 수업 활동을 관 찰·평가하며 학생의 성장 과정을 기록하는 것이 학교를 살리는 길이라고 말하고 있다. '일체화'란 개념은 구슬을 꿰듯이 하나로 통한다는 의미로 사용되고 있지만 수 업의 설계와 실행, 평가는 순환적 관계로 서로에게 영향을 주며 발전되어야 한다. 참고: 김덕년, 〈교육과정 수업 평가기록 일체화〉, 2017, 에듀니티./ 김현섭, 〈미래형 교육과정을 디자인하다〉, 2019, 수업디자인연구소.

39 휘게(hygge)란 편안함, 따뜻함, 아늑함, 안락함을 뜻하는 덴마크, 노르웨이어로, 가 족이나 친구와 함께 소소하고 안락한 시간을 보내는 것을 의미한다.

40 욜로(yolo)란 '인생은 한 번 뿐이다'라는 'You Only Live .Once'라는 뜻으로 현재 자 신의 행복을 중요시하며 소비하는 태도를 말한다.

41 미국의 알래스카 주에서 세계 최초로 도입되었고 2017년 핀란드와 네덜란드에서 는 2년간 시범 운영 중이고 캐나다에서도 같은 해 도입해 3년간 운영 중이다. 우리 나라에서도 경기도에서는 이미 청년 기본 소득 제도를 4기째 운영하고 있다.(http:// www.pmg.co.kr)

42 https://interactioninstitute.org/illustrating-equality-vs-equity/(원작자: Artist Angus Maquire)

43 교사는 학년 초에 학부모들에게 교사가 교육적으로 의미와 가치를 두고 있는 것을 자세하게 소개할 필요가 있다. 주로 소통할 수 있는 창구는 무엇인지, 일년 동안 어 떤 것에 중점을 두고 교육을 할 것인지 설명하는 안내장이나 편지 한 통과 같은 작 은 정성이 학부모와 교사의 신뢰를 구축하는 시작점이 될 수 있다.

44 윤재인 글/오승민 그림, 〈찬다삼촌〉, 느림보, 2012.

45 이혜란, 〈우리 가족입니다〉, 보림, 2005.

46 셔터스톡, 본격 진화심리학

47 세라 블래퍼 허디(Sarah Blaffer Hrdy)를 비롯한 많은 진화 생물학자들은 대형 유 인원 중에서 인간만이 자녀를 돌보는 가족 형태를 구성하도록 진화했다고 주장하고 있다. 〈출처: Patricia J. Wynne〉

48 네이버 캐스트, 〈본격 진화심리학〉중 '인간은 엄마와 대행어미가 함께 자식을 돌보 게끔 진화했다', 전중환 외

49 스티븐 클라센, 〈클라센의 읽기혁명〉, 르네상스, 2013. (P. 73, 80)

50 2015학년, 김중미 작가의 〈꽹이부리말 아이들〉이란 책으로 동학년 교사들과 함께 온작품 수업을 하였고 동네 책방인 '꿈꾸는 책방'에서 같은 건물의 '한살림'과 연계 하여 김중미 작가 초청 강연회를 함께하게 되었다.

51 '워라벨 불균형과 휴가이용 격차' 보고서, 경기도 연구원.(한국일보 이종구 기자.

2019.10.13.)

52 한세리, 김안나(2017), 가정과 학교의 사회자본이 학업성취 향상에 미치는 영향, 한국교육사회학회.

53 '교육격차실태 종합분석'보고서, 한국교육개발원, 2018.

54 짐 트렐리즈, 〈하루 15분, 책 읽어주기의 힘〉, 북라인, 2012.

55 책무성이란 무언가 잘못되고 있을 때 정책, 법제, 시민 권리를 보호하기 위한 옴부즈맨을 통한 애드보커시(advocacy: 생각, 행동, 신념에 대한지지) 등과 같이 행동할 수 있는 것을 의미한다. 교육의 분야에서 '공적 책무성'은 모두를 위한 공평하고 양질의 교육을 위해 증거를 해석하고 문제를 확인하고 해결방법을 찾는 것이다. (2017/8. 세계 교육 현황 보고서, '교육의 책무성' 중 유네스코 사무총장 '이리나 보코바'의 발간사 참고)

56 'No Child Left Behind, NCLB'는 '아동낙오 방지법'으로 1990년대 미국 연방정부와 주정부 당국의 법률로 일반교육과정에서 낙오하는 학생이 없도록 미국의 각 주가 성취도 평가의 기준을 정하고 이를 충족하지 못한 학교, 교사, 학생은 제재를 받도록 하는 법이었다. (임종근의 블로그, '교육내시경'에서 참고)

57 유네스코는 1950년대에 메시지를 읽고 쓰는 '최소 수준 문해력'과 사회적 배경 안에서 기능을 수행할 수 있는 수준인 '기능적 문해력'으로 구분한 바 있다. 어떤 학생이 일상적인 수업에서 읽고 쓰기를 통한 의사소통의 수준이 정상적인 학생들의 그것보다 2년 이상 뒤처진 학생들이 있다면 그 학생은 학교 수업에서 기능적으로 문맹 상태에 있다고 할 수 있다. (엄훈, 〈학교 속 문맹자들〉, 우리교육, 2010. 24-29쪽)

58 〈나니아 연대기: 사자, 마녀, 그리고 옷장〉는 C.S. 루이스의 판타지 소설을 바탕으로 한 영화로, 2차 세계 대전 중 전쟁을 피해 친척 집에 머물게 된 네 남매가 마법의 옷장을 열면서 펼쳐지는 환상의 세계에 관한 이야기이다. 마법의 옷장을 통해 들어간 '나니아'라는 나라에서, 위대한 사자 아슬란과 함께 위기에 처한 '나니아'를 구하기 위해 네 남매가 마녀와 싸우는 판타지 영화이다. 한편 〈쥬만지〉는 열두 살짜리 소년 앨런이 나무로 만들어진 이상한 게임판을 발견하고 집에 온 친구 새라와 함께 이 게임을 하게 되면서 둘은 게임판 속으로 들어가게 된다. 때는 다시 1995년, 교통사고로 부모를 잃은 쥬디와 피터는 먼지 쌓인 다락방에서 다시 이 쥬만지 게임을 발견하게 되고 주사위를 던지면서 다시금 게임의 세계 속으로 빠져들게 되는 모험의 판타지를 그린 영화이다.

59 중독(addiction)이란 '특정 행동이 건강과 사회생활에 해가 될 것임을 알면서도 반복적으로 하고 싶은 욕구가 생기는 집착적 강박'이라고 할 수 있다. 중독의 경우, 생기는 금단 증상은 무척이나 괴롭기 때문에 끊거나 줄이려는 노력을 포기하고 다시 그 물질을 복용하게 만든다. 그래서 중독된 사람은 그것을 찾아 헤매는 데 온 시간과 에너지를 쏟아 붓는다. 이를 갈구(craving)라고 한다. (멈출 수 없는 즐거움을 어떻게 멈추지? -중독- , 〈청소년을 위한 정신의학 에세이〉, 2012. 6. 30, 하지현 · 신동

민 참고)

60 찰스 두히그, 〈습관의 힘〉, 갤리온, 2012, 364쪽.

61 이혁규 외 6명, 〈수업, 비평을 만나다〉, 우리교육, 2007./ 이혁규, 엄훈 외 3명, 〈수업 비평의 이론과 실제〉, 교육공동체 벗, 2014.

62 최나미, 〈엄마의 마흔 번째 생일〉, 사계절, 2012.

63 로브 라이너 감독, 케시 베이츠 주연의 「미져리」, 1991년작.

64 이혁규·심영택·이경화.(2003), 초등 예비교사의 실습 체험에 대한 내러티브 연구, 교육인류학연구, Vol.6 No.1